UNA IGLESIA VIVA

NUEVA ALIANZA

266

EMILIO J. JUSTO

UNA IGLESIA VIVA

Claves teológicas y espirituales para la renovación

EDICIONES SÍGUEME
SALAMANCA
2025

Cubierta e interior: imágenes digitales a partir de *Drei Häuser* (1922) y *Das Haus in der Höhe* (1923), ambas de Paul Klee

C/ García Tejado, 23-27 - E-37007 Salamanca / España
Tlf.: (+34) 923 218 203 - ediciones@sigueme.es
www.sigueme.es

ISBN: 978-84-301-2274-5
Depósito legal: S. 283-2025
Impreso en España / Unión Europea
Imprenta Kadmos, Salamanca

CONTENIDO

PRÓLOGO

La Iglesia está viva. Hay muchas personas que, de forma discreta, pero con gran determinación, creen en Jesús y se dejan llevar por la fuerza de su Evangelio; tienen una vida espiritual intensa, se esfuerzan por poner en práctica sus palabras y dan testimonio de luz, de paz y de alegría en la sociedad. Si bien se mira, es posible encontrar no pocos grupos que viven la fe en parroquias, movimientos, asociaciones en torno a congregaciones religiosas. No faltan personas inquietas que se hacen preguntas sobre la fe, leen, participan en conferencias o en cursos de teología. Asimismo, numerosas casas de espiritualidad y hospederías de muchos monasterios se ofrecen como espacio privilegiado para el descanso, la búsqueda espiritual y el retiro. Tampoco faltan instituciones eclesiales (colegios, universidades, editoriales, asociaciones culturales y caritativas, sin olvidar sus organizaciones no gubernamentales) que están participando en la sociedad con abundantes recursos humanos, los cuales la infunden una fuerza espiritual y ética enriquecedora gracias a sus.

La educación, el arte y la caridad reciben numerosos recursos y aliento de la Iglesia. Quien está sufriendo o tiene necesidad, encuentra en la Iglesia ayuda y compañía, o al menos se presume que así debería ser. Y todo ello sin contar, en el contexto poscristiano de nuestro tiempo, con todas aquellas personas que continúan participando en la eucaristía dominical y en las actividades eclesiales, sin olvidar a quienes participan en celebraciones populares, romerías y peregrinaciones o forman parte de cofradías y asociaciones de todo tipo de voluntariado.

¿Qué sucede para que esta vitalidad de la Iglesia esté oscurecida o apenas tenga el reconocimiento que merece en la conciencia social y hasta eclesial? ¿Se trata de un problema de comunicación, por lo que habría que hacerla más visible, o es que las grandes debilidades de la vida eclesial la opacan? ¿Por qué se tiene la impresión de que la Iglesia está mortecina, como si no tuviera impulso vital? La secularización interna, la debilidad espiritual, la aparente falta de eficacia evangelizadora, los conflictos internos, el autoritarismo o los abusos de distinto tipo, ¿tienen el poder de desactivar su fuerza espiritual? ¿O en el fondo los elementos aparentemente con más vitalidad tan sólo esconden un vacío, que es lo real?

La finalidad de esta obra se centra en detectar faros que permitan iluminar el camino de la Iglesia en la situación presente. Para ello resulta imprescindible comenzar identificando aquello que le pasa a la Iglesia y, desde este punto de partida, despertar el deseo de una permanente renovación que conduzca a vivir como Iglesia en fidelidad a Jesús y la misión confiada. No se trata, pues, de profundizar primeramente en la esencia y la estructura de la Iglesia, sino en su *vida*, de lo que Henri de Lubac denominaba la «Iglesia viviente» que, en este preciso tiempo peregrina, enseña y ora; cree, espera y ama; se afana por anunciar el Evangelio y programa sus actividades.

Se trata, en efecto, de pensar sobre la vida eclesial que todos reconocemos. En consecuencia, no se parte de datos sociológicos ni de estadísticas, porque no se quiere hacer un análisis espiritual de la realidad sociológica. La intención es reflexionar teológicamente sobre la Iglesia que vivimos, que vemos, que sentimos, que gozamos y, en algunos aspectos, padecemos. Esto supone un riesgo de imprecisión, porque se habla de lo que todos podemos percibir y quizá hemos experimentado viviendo en la Iglesia, pero su comprobación depende de que otros también lo vivan o lo vean. No cabe duda de que existe un peligro de falta de objetividad, pero se opta por la suma de perspectivas, datos y experiencias que completen y corrijan lo que aquí se dice.

Tampoco se pretende indicar qué hay que hacer, como si todo fuera claro y evidente; no en vano, siempre ronda la tentación de proponer un futuro idílico que no motiva a nadie. Se evita realizar propuestas de acción, por entender que la concreción no es el objetivo de estas páginas. Y cuando se ponen ejemplos, en la mayor parte de los casos se busca explicar mejor lo que se quiere decir. Simplemente, se comparten ideas y se intenta suscitar preguntas, con la intención de propiciar una reflexión compartida que ayude a una renovación eclesial real, la cual nos excede a todos, pero en la que todos estamos implicados.

El libro parte de algunos rasgos de la situación espiritual y cultural en la que vive la Iglesia (introducción). Para poder pensar adecuadamente una renovación eclesial, se establece el cimiento eclesiológico que da la clave a toda la reflexión: la Iglesia vive de y con Jesús, pues tiene en él su centro y está llamada a centrarse en él (capítulo 1). Tras esta fundamentación teológica, se aborda el tema de la renovación eclesial, donde la santidad de la Iglesia constituye el dinamismo histórico que reclama darse una figura histórica (capítulo 2). A continuación, se apuntan algunos ámbitos de renovación más significativos en el contexto actual y se formulan varias sugerencias para una renovación en profundidad (capítulo 3). Finalmente, se precisa la idea recurrente de que la renovación eclesial pasa por la vivencia de la fe en comunidades cristianas vivas, si bien ha de aclararse qué es una comunidad cristiana y cómo adquiere vitalidad (capítulo 4).

No puedo concluir esta presentación sin confesar que la Iglesia nos implica en el camino de Jesús, nos acompaña y cobija a lo largo de la vida como nuestro hogar materno; ello no obsta para reconocer que, en ocasiones, también nos desconcierta, porque descubrimos aspectos que no nos agradan, entre los que también se encuentran nuestras miserias y pecados. Todos avanzamos juntos en el camino de Jesús, y en él compartimos una misma disposición a la conversión personal y a la renovación eclesial. Por mi parte, deseo contribuir con la reflexión que se desarrolla en este libro. Si alguien se decide a leerlo, espero que le ayude a tomar conciencia de que también él es miembro vivo de la Iglesia y de que está invitado a comprometerse cada vez más, si cabe, en la vida y en la misión que ella atesora.

INTRODUCCIÓN
LA IGLESIA VIVIENTE EN NUESTRO TIEMPO

Por su condición mundana, la Iglesia vive en una cultura. Al expresarse y realizarse mediante vivencias culturales, participa de las fuerzas espirituales de una sociedad y colabora críticamente a su desarrollo. Por tanto, la cultura es una dimensión que afecta directamente a la situación espiritual de la «Iglesia viviente»[1]. Si pretendemos comprender cómo vive hoy la Iglesia, es oportuno observar la cultura en la que se encuentra y su influjo en la existencia eclesial.

Ahora bien, ante los rasgos que caracterizan nuestro tiempo la Iglesia no se sitúa como espectadora o jueza, sino como actora y responsable, ya que vive esas formas culturales en modo de creación, de difusión o de resistencia. No está ante o frente a la cultura, sino que es parte de la cultura; de hecho, la cultura actual está en la Iglesia. En efecto, cuando se habla de cultura también se está hablando de la misma Iglesia, razón por la cual tiene sentido este análisis cultural que dice mucho de la situación vital y espiritual de la Iglesia, inserta en un contexto social y espiritual.

1. UNA CULTURA NIHILISTA

El nihilismo es la idea que mejor sintetiza la cultura actual, cuyas características principales son el vacío y la fal-

1. Esta bella expresión se encuentra en la obra de Henri de Lubac *Paradoja y misterio de la Iglesia*, 23.

ta de sentido[2]. Cuando Nietzsche anunció que Dios había muerto, levantaba acta de que la cultura que había troquelado el mundo occidental se encontraba vacía, sin fundamento. El nuevo tiempo que se abría, tan angustioso como ilusionante, reclamaba la creación de nuevos valores desde el impulso de la vida con el fin de traer al mundo belleza y alegría. No obstante, el entretiempo hasta que se dé dicho estado de plena humanidad, habrá de engendrar una fuerte angustia. Más aún, este vacío de fundamento y de sentido que hace posible la creación de lo nuevo, producirá necesariamente una tensión vertiginosa en el hombre hasta el punto de desbordarlo.

Sin embargo, la modalidad posmoderna del nihilismo se distingue del postulado por Nietzsche –y que tanto ha marcado el siglo XX– en no ser tan angustioso. Según algunos autores, la angustia se ha metamorfoseado en indiferencia, hasta el punto de acostumbrarse a vivir plácidamente en la falta de sentido[3].

Y ¿cómo es posible soportar una vida asentada en el vacío? Enmascarándolo o simplemente ignorándolo como si no existiera[4]. La consecuencia es una placidez cotidiana que asume la ausencia de sentido sin detenerse a reflexionar en ella. Así, ciertamente, puede llegar a vivirse en la emoción de la placidez, pero en ningún caso se logra experimentar la alegría.

Esta experiencia nihilista afecta a la vivencia religiosa. Cuando no hay sentido, lo religioso se vive en su aparien-

2. Cf. G. Amengual, *La religión en tiempos de nihilismo*, 37-77.

3. Así, Massimo Borghesi habla de «un nihilismo nuevo, muy diferente del nietzscheano, más caracterizado por la *indiferencia* que por la angustia» (*Secualarización y nihilismo*, 15).

4. En palabras de José Manuel Chillón, «para soportar esta decadencia, para volver resistible el vacío, los hombres han creado la máscara que oculta el tedio, el disfraz de una identidad forzada a manifestarse en formas y maneras tanto más imponentes cuanto menos se vive esa identidad en su íntima verdad. El nihilismo ha convertido la identidad pública en hipocresía interna» (*El nihilismo de la secularización posmoderna*, 467).

cia, sin pregunta por su significado ni por la coherencia de aquello que se vive y hace con las dimensiones espiritual y ética[5]. En cierta medida, es posible detectar aquí algo de la condición nihilista de la Iglesia: mantiene algunas formas de la tradición sin contenido real, reviste la vida eclesial con apariencias de comunión en palabras y documentos, adaptándose a las causas sociales y políticas de moda, presenta una visión plácida y positiva de la existencia eclesial en buena medida alejada de la realidad. En absoluto se trata de hipocresía moral; tan sólo se aparta la vista del vacío que desvitaliza la vida eclesial y la convierte en un decorado plácido donde se representan las actividades programadas sin apenas preguntarse por su sentido. Seguimos imaginando que la gran mayoría es creyente y que vive, con sus dificultades normales, una vida evangélica, aunque sabemos que no es exactamente así. Por ejemplo, consideramos que una celebración dominical en la que el templo está lleno es un éxito y deducimos que la pastoral funciona bien, aunque sabemos que la vida evangélica de los que estamos allí deja mucho que desear y faltan elementos esenciales a la fe.

¿Cómo se podría mirar al vacío y vivir cristianamente el nihilismo? En primer lugar, el nihilismo reclama hacerse cargo de la realidad. La debilidad de la fe y la irrelevancia social de la Iglesia, que representan de entrada un peso insoportable para los cristianos, reclaman y propician la humildad como la actitud imprescindible para aceptarlas. El cristianismo está signado con la cruz de Jesús y lleva como seña la humildad, la sencillez y la pobreza. Frente

5. «Y en el extremo de la configuración de esta especie de *religion on my way*, acontece, en mi opinión, la desnuclearización de lo religioso, el vaciamiento de lo específico de su contenido y, por tanto, de su pretensión de ser verdad revelada y, a la vez, la tendencia a mantener lo que envuelve el contenido: la forma, el rito, el estilo. Este es, sin duda, el sello inequívoco de la posmodernidad: la vivencia del *como si* a sabiendas de que, en realidad, no» (*ibid.*, 476).

al exceso de positividad de nuestro tiempo, el cristianismo sabe que lo negativo, si bien no es deseable, tampoco destruye al mundo ni hunde a la persona. La negatividad puede ser integrada y vivida porque hay una fuerza mayor; de hecho, Dios no cierra los ojos ante el mal y Jesús lo padece para vencerlo. En nuestro tiempo nihilista, la experiencia de vacío y de soledad pertenece a la dinámica de la cruz. La búsqueda de sentido y de vida no puede venir de la ceguera o de esconder el vacío mediante apariencias lingüísticas, emocionales o institucionales.

En segundo lugar, el vacío no lo soportamos porque probablemente en nosotros habita una nostalgia de sentido; aún mejor, un deseo, un rumor de esperanza que insistentemente anuncia una buena noticia escondida en el corazón del mundo: que este tiene sentido, que su ley es la solidaridad y la comunión, que el amor está en la raíz de la entera existencia. Al contrario que el dios que muere, el Dios vivo da y ofrece sentido al mundo. La experiencia de falta de sentido se convierte en una oportunidad para el anuncio del Evangelio. Según esta lógica, la Iglesia ha de vivir llenando con fe, con vida cristiana y con fuerza de comunión el vacío que puede haber en su existencia. Esto supone en muchas ocasiones dar contenido creyente a lo que hace y, en algunos aspectos, dejar caer las máscaras de la apariencia para que, valga la expresión, «se vacíe el vacío».

Cuando la Iglesia reconoce, soporta y acepta el vacío, la vida se despierta. Y al mirarlo con serenidad, podrá hacer presente en nuestra cultura el misterio de Jesús, renunciando al activismo y sabiendo esperar con paciencia y vigilancia. La experiencia del nihilismo enseña no sólo a llenar vacíos, sino también a desenmascarándolos. Evidentemente, no se descubre el sinsentido de ciertas formas religiosas o su mera apariencia para destruir, sino para pensar la vida cristiana de otro modo y para edificar la Iglesia de otra manera.

2. El valor de la experiencia

En el nihilismo tiene lugar un desplazamiento del mundo objetivo a la vivencia subjetiva, es decir, del ser de las cosas a la vida que se siente. Si, según Nietzsche, el instante se vive como impulso corporal, hoy lo decisivo es la emoción que uno siente. Esta vivencia emocional se identifica con una experiencia concreta, vivida y sentida en determinado momento. Resulta comprensible que al hombre actual lo caracterice la búsqueda de continuas experiencias y de nuevas emociones.

Según esta lógica, el aprecio y la valoración de lo experiencial no puede por menos de conducir hacia la mística como forma personal de vivenciar lo espiritual. Puesto que las sucesivas experiencias tienen como objetivo sorprender a la persona, el encadenamiento de una novedad tras otra se supone que la llevará al enriquecimiento espiritual y místico.

Este anhelo de la sociedad ofrece a la Iglesia aspectos importantes sobre los que pensar. En primer lugar, le permite dirigir la atención hacia su esencial condición espiritual. De hecho, su misión no consiste sólo en hablar de Dios, sino sobre todo en transmitir una experiencia de Dios. El cristiano vive algo personalmente, y sin esa vivencia su fe se queda en lo exterior y en lo social. La verdadera experiencia del creyente es el acontecimiento personal de su encuentro con Jesús. En este sentido, aporta algo novedoso y genera vivencias de novedad; más aún, en ella el mensaje evangélico introduce una novedad en el mundo y en la vida de las personas.

Otro aspecto que se puede considerar es que el mensaje evangélico se transmite como una tradición, algo que no se inventa ni se crea artificialmente. Es recibido de otros y se hace tradición vivida al asumirlo, experimentarlo y darle contenido existencial. La Iglesia no suscita novedad a partir de su espontaneidad, sino que su forma vital es la tradición. Frente a una tendencia casi obsesiva hacia una constante novedad emocional, la Iglesia aporta la solidez de lo antiguo, la belleza de lo tradicional, la seguridad de lo que permanece.

¿Puede la Iglesia ser viva, actual, innovadora, si lo que ofrece es tradición, estabilidad, «lo de siempre»? Sí, cuando cumple la misión a la que ha sido llamada y logra conjugar tradición y vida, lo permanente y lo nuevo. No pocas personas experimentan hoy la presión de lo siempre nuevo y emocionante. Por ello estamos necesitados más que nunca de lo cotidiano, lo estable, lo normal, que aporta estabilidad y la Iglesia encarna en sus principios y sus orientaciones morales.

3. Una sociedad burocratizada

Desde un punto de vista sociológico, cuando no hay sentido y se vive en la apariencia de lo superficial, es comprensible que las relaciones se centren en lo burocrático. De hecho, vivimos en una sociedad burocratizada donde un número infinito de acciones llena la vida para no tomar conciencia del vacío y evitar la anarquía y el descontrol. Todo está marcado por regulaciones jurídicas que requieren trámites burocráticos: completar formularios, presentar solicitudes, redactar informes y realizar cursos de formación continuada. Habitamos una época de control, con sus protocolos y evaluaciones, que termina por agobiar y, lo que es peor, favorece «la desconfianza patológica de todos hacia todos»[6].

Nadie cuestiona que en la sociedad se necesiten regulaciones y mecanismos de control; pero la excesiva intervención en la vida de las personas termina irremisiblemente

6. S. Zweig, *El mundo de ayer*, 514.

deshumanizándolas. Una sociedad basada en la confianza no necesita de muchas directrices; basta con leyes fundamentales y un sistema judicial fuerte que garantice el funcionamiento social básico. Tal vez el problema que padecemos es un signo más de la debilidad ética de nuestro tiempo. Cuando los principios morales y las virtudes éticas no se potencian, se debilita la vida social y hay que recurrir a mecanismos de control y de autoridad[7]. No es extraño que una sociedad con una ética débil sea especialmente autoritaria y burocratizada, en las que no se favorece el pensamiento y la responsabilidad de las personas.

Las formas burocráticas favorecen lo que Heidegger consideraba un espíritu calculador y uniformador. Todo hay que contarlo y todo se valora por el número de respuestas y de participantes[8]. Es evidente que el número tiene su importancia, y más en una comunidad que tiene como misión esforzarse porque el Evangelio llegue a todos, pero ello sin prescindir de la calidad en todas sus fases, en sus métodos y en sus realizaciones. Por el contrario, la lógica de la burocratización poco tiene que ver con el cristianismo, ya que el tesoro que tiene que transmitir

7. Así lo expresa el filósofo Byung-Chul Han: «La sociedad de la transparencia es una sociedad de la desconfianza y de la sospecha que, a causa de la desaparición de la confianza, se apoya en el control. La potente exigencia de transparencia indica precisamente que el fundamento moral de la sociedad se ha hecho frágil, que los valores morales, como la honradez y la lealtad, pierden cada vez más su significación. En lugar de la resquebrajadiza instancia moral se introduce la transparencia como nuevo imperativo moral» (*La sociedad de la transparencia*, 92).

8. Jean-Luc Marion relaciona la insistencia en lo evaluable con el nihilismo. Si los valores proceden de la voluntad de poder, todo es evaluable e indexable. «Lo propio del valor es, efectivamente, no tener ninguno por sí mismo» (*A decir verdad*, 98). En *La montaña mágica*, publicada en 1924, Thomas Mann hace decir a Settembrini: «Lo que parecía importar a la Iglesia era la cantidad de almas conquistadas y no tanto su calidad, lo cual permitía concluir que carecía por completo de nobleza espiritual». A su argumentación, replica Naphta de forma acalorada: «¡Hablar del nihilismo de la Iglesia! ¡Hablar de nihilismo en relación al sistema de gobierno más realista de la historia de la humanidad!» (*La montaña mágica*, 396-397).

no depende tanto de la valoración que se le otorgue desde fuera, como de su intrínseca bondad, belleza y verdad.

¿No está la Iglesia también enfrascada en formas burocráticas? La profusión de normativas, protocolos y organismos atestigua una tendencia al autoritarismo que prescribe todo lo que hay que hacer y cómo hay que hacerlo. ¿Acaso no revela esto una falta de confianza en las personas que tienen responsabilidades y de coraje para delegar responsabilidades? Frente a la inseguridad que forma parte de la confianza, parece que se responde con la insistencia en la autoridad como el modo de dar seguridad y de asegurar la comunión.

De manera paradójica, la burocracia alberga además una fuerte dosis de activismo. Este responde a la idea de que por hacer algo ya se ha conseguido lo que se buscaba. Entonces, el sentido está en hacer lo que hay que hacer y, una vez realizado, ya se tiene fecundidad. Tras cumplir el protocolo o realizar la actividad, el éxito está garantizado. O eso se espera. Desde un punto de vista eclesial, esto significa que la mera ejecución de ritos o de actividades ya es vivencia de fe y de comunión. Y cuantas más actividades, más vida y comunión se supone que habrá. La receta, pues, es el «hiperactivismo», el cual enmascara el vacío de sentido. Resulta problemática esta dinámica de hacer muchas cosas para estar siempre ocupados y evitar mirar al vacío en la vivencia de la fe y en la irrelevancia social de la Iglesia.

4. La importancia de la comunicación

En la sociedad actual, la valoración de las cosas, en el fondo, depende más de la visibilidad y de la difusión de las mismas que de lo que uno experimenta. Así, son valiosas las emociones que se comunican y que otro las ve; de hecho, vivimos en una cultura que da una importancia decisiva a la comunicación.

Sin duda alguna, los avances tecnológicos brindan grandes posibilidades comunicativas que ayudan en muchos aspectos y enriquecen la vida de las personas y de las sociedades. También parece claro que introducen una impronta social que subraya lo que se ve y lo que se conoce. Esto despierta la necesidad de hacerse visible y de estar constantemente informados. No es tanto una comunicación personal como una información sobre datos que se dan a conocer. En consecuencia, lo que comienza siendo un medio para relacionarse y encontrarse termina favoreciendo la superficialidad en la comunicación y, por ende, en las relaciones que se establecen. Da la impresión de que aquello que se hace visible cuenta más y vale más, pero esa visibilidad es efímera y no pasa de la superficie de las cosas y de las personas. Es la lógica propia del nihilismo posmoderno, que deja de preguntarse por el sentido para centrarse en el aparecer y el permanecer permanentemente activos y conectados, expuestos en el mundo digital[9]. Esta sociedad de la comunicación debería generar espacios de libertad y diversidad de pensamiento; en cambio, potencia la uniformidad y la homogeneización que imponen la presión social de moda y los poderes anónimos que buscan el beneficio.

La importancia de la comunicación afecta directamente a la Iglesia. Su misión consiste en anunciar el misterio de la salvación. En realidad, la Iglesia existe con una estructura comunicativa, porque ha de transmitir lo que ha recibido y está llamada a hacer presente el Evangelio en cada tiempo, en toda sociedad, para toda persona. La Iglesia es en sí misma comunicación. Jesús describe a sus discípulos como luz del mundo y les pide que hagan brillar su luz

9. «En la sociedad positiva, en la que las cosas, convertidas en mercancía han de *exponerse* para *ser*, desaparece su valor *cultual* a favor del valor de la exposición» (B. C. Han, *La sociedad de la transparencia*, 25-26).

«delante de los hombres» (Mt 5, 16). Los cristianos han de ser visibles y han de comunicarse para realizar su misión. No obstante, esa misión porta una fuerza que no se ve y que se hace más potente cuando actúa invisiblemente[10]. En esta paradoja se sitúa la Iglesia, que tiene que comunicar algo y hacerse visible para los hombres, pero cuando sus acciones se vuelven objeto de información, pierden parte de su valor. La publicidad de la vida está teñida de ambigüedad, puesto que entraña la sospecha de que pudiera hacerse sólo por la apariencia o para ser aprovechada mediáticamente.

Por otra parte, no es verdad que lo que no está en lo público o lo que no se conoce no exista. Hay mucha fuerza vital escondida, en acciones discretas de amor y de noble generosidad, aunque no se reconozcan ni agradezcan. Lo que las personas viven en su más profundo ser y sus relaciones tiene un peso en el mundo y en la historia que no se ve, pero que marca la fibra más bella y potente del mundo. Hay una comunión espiritual muy poderosa, la *comunión de los santos*, que enriquece e ilumina sin necesidad de tener presencia mediática. El hombre crece hacia dentro con otros, y únicamente desde la profundidad comunica algo bello y salvífico.

La Iglesia no rehúye el ámbito de la comunicación, pero su forma de comunicar tiene su propia lógica, que debe salvaguardar si quiere proteger su identidad. En este sentido, la Iglesia comunica desde la profundidad de vida, y de persona a persona, ya que sin la corporalidad no es pensable la sacramentalidad, rasgo fundamental del ser eclesial. Por esta razón, lo digital tiene el peligro de difuminar el modelo encarnativo al que la Iglesia debe su fidelidad.

10. En el mismo sermón del monte, donde se halla la cita referida, Jesús insiste en que acciones como la limosna, el ayuno y la oración no deben hacerse para ser vistos por la gente, sino por el Padre, que ve en lo secreto (Mt 6, 1-18).

Si la vida personal es comunicativa, también en su dimensión discreta y silenciosa, ¿no tiene la Iglesia que insistir en la cercanía personal, en la interioridad profunda, en los grupos de proximidad? El mundo digital, junto a sus virtualidades positivas, genera vínculos efímeros y homogeneiza lo social mediante la anulación de las diferencias. El contacto personal valora al otro como diferente y suscita vínculos fuertes que generan comunidad. Si la Iglesia se mantiene fiel a esta lógica, puede aportar una comunicación vital precisamente desde la vivencia de la comunión entre personas.

5. La debilidad del pensamiento

En principio, las grandes posibilidades de comunicación pueden estimular la reflexión y el pensamiento; sin embargo, se han convertido sobre todo en un medio que conduce a la globalización del pensamiento y de la vida. Se pretende ser libre, sin ningún tipo de influencia ni de condicionamiento, pero se termina sometido a lo global, lo común y uniforme. En efecto, los espacios de libertad que se crean en los medios digitales conducen, de hecho, a un empobreciendo del pensamiento e incluso a dificultarlo. Para pensar se necesitan el silencio, el diálogo, la calma de la lectura y de la contemplación; el ritmo frenético de la tecnología y el activismo posmoderno favorecen vivir sin pensar.

Sin duda, la tragedia del pensamiento débil es que conduce a la uniformidad. Todo el mundo piensa lo mismo y tiene que decir lo mismo[11]. Los medios digitales siguen ese camino y crean la sensación de que todo el mundo piensa de un modo parecido y que experimenta lo mismo que

11. En la clásica novela de Aldous Huxley, *Un mundo feliz*, publicada en el año 1932, el autor imagina que se transmiten las palabras que hay que repetir y, de esa manera, se impone lo que hay que pensar, a través de una técnica llamada hipnopedia.

yo; y quienes no lo hacen es porque son de los otros, enemigos. Cuesta aceptar la diferencia, que es un elemento fundamental para el ejercicio del pensamiento. Además, la vivencia posmoderna hace creer que eso que pensamos, que es común y uniforme, lo pensamos libremente, por nosotros mismos, sin que nadie nos influya ni maneje. Así, el sometimiento social no se impone de forma violenta desde fuera, sino desde dentro de cada uno, hasta el punto de pensar que realmente se es libre.

Un síntoma de esta falta de pensamiento se halla en la tendencia contemporánea a comprender a la persona de modo colectivo. Es el «nosotros» quien aporta la identidad de los miembros, con la lógica consecuencia de encasillar al resto según el grupo de pertenencia, caracterizado por la ideología, la religión, la raza, la opción sexual o la condición social específicas.

Esta visión colectiva del ser humano anhela lo uniforme y homogéneo, porque soporta mal la diferencia. Al final, una sociedad escasa de pensamiento no promueve la libertad, la diferencia, la comunión, pues sólo mediante el pensamiento propio es posible la libertad, el diálogo y una convivencia política sana. Este fue el punto en el que Simone Weil percibió el drama de su época, a la que consideraba carente de pensamiento. En un texto de 1934 se mostraba pesimista respecto al futuro, porque las guerras, los medios de comunicación y el sistema económico obstaculizaban el pensamiento. Con todo, su propuesta era «poner un poco de holgura en el engranaje de la máquina que nos tritura; captar, donde puedan, todas las ocasiones de despertar un poco el pensamiento»[12]. Nuestra situación cultural no sólo confirma sus intuiciones, sino que las agudiza. La situación política, educativa y ética de nuestro tiempo, ¿no mani-

12. S. Weil, *Reflexiones sobre las causas de la libertad y de la opresión social*, 98.

fiesta una falta de reflexión, de búsqueda de lo esencial y de lo verdadero? Sin pensamiento no es posible discernir lo que se debe hacer, ni descubrir el bien, ni crecer en el conocimiento, ni construir una comunidad fuerte y activa, asentada en la búsqueda del bien común.

Una de las tareas fundamentales de la Iglesia consiste en tomar en serio la realidad que vive y mirar hacia dónde tiene que ir. Ambos objetivos reclaman pensamiento. Y para esta tarea, la Iglesia tiene el ministerio eclesial del pensamiento, que es la teología. Los grandes desafíos eclesiales pasan por una teología viva y profunda. No sólo se trata de que se valore el papel de los teólogos, sino de que en la Iglesia se reflexione. Si de verdad se quiere hacer esto, conviene frenar el activismo y dar mayor protagonismo a una actitud contemplativa, reflexiva y dialogante.

En la Iglesia actual hay una carencia de teología. Sería oportuno hacer menos cosas y pensar más, discernir y considerar qué se debe hacer y cómo. Hay muchas instituciones dedicadas a la teología, que quizá responden a la tendencia burocrática. Más que una formación teológica que transmite conocimientos y repite ideas, se necesita pensar teológicamente. El pensamiento auténtico no repite simplemente ideas, frases tópicas o palabras que terminan resultando vacías; hay que pensar seriamente: sin miedo ante las pobrezas que se descubran y con valentía ante los horizontes que se puedan abrir.

6. Dicotomía entre ambiente cultural y vida de las personas

Con lo dicho hasta ahora, parece claro que, aun describiendo cómo es nuestro mundo y nuestra vida, en realidad no se dice todo, pues uno mismo no vive exactamente así y conoce a personas que no se adecúan a tal descripción. Por ejemplo, uno vive en la dinámica del nihilismo, pero también se pregunta, al menos en ocasiones, por el sentido de la vida; otro participa en el entorno digital, pero también piensa por sí mismo y a veces sabe desconectar; otro tiene vínculos efímeros con otras personas a través de redes sociales, pero también vive con profundidad la vida familiar y la amistad; otro acepta grandes temas sociales que se imponen, pero reconoce a quienes los ven de forma diferente. Y es que nuestra situación espiritual está atravesada por una dicotomía entre el ambiente en el que estamos y la vida real de las personas. Lo que se impone mediáticamente, con gran influencia en medios de comunicación, instituciones públicas y legislaciones estatales, no responde tal cual a la vida concreta de las personas. Muchas veces se acepta socialmente un ambiente cultural, pero personalmente se vive con el sentido común de la normalidad, que no sigue los postulados ambientales.

Ciertamente, la persona es un ser social, y la sociedad ha de ser un espacio de vivencia personal. Sin embargo, no todo es como aparece públicamente. Sí, hay sentido, reflexión, amor fuerte, relaciones personales vivas, búsqueda de la verdad, vivencia auténtica de la fe. En buena medida todo ello es muy distinto de lo mediático; permanece oculto, por ser cercano y personal. Y sin duda es ahí donde reside su fuerza.

La diferencia entre el ambiente cultural y muchas vidas personales lleva a que en ocasiones haya una separación entre apariencia y vida, también en la Iglesia. Si surge la esperanza ante lo negativo de la lógica mediática, porque no refleja todo lo que las personas viven, también la apariencia ambiental positiva puede esconder debilidades de las vidas personales.

Estos aspectos culturales que afectan a la Iglesia viviente provocan desafíos para su fidelidad y para el cumplimento de su misión. Algunos de estos desafíos son: una vivencia cristiana del nihilismo, la incorporación de lo emocional sin reducir otros elementos fundamentales, una organización comunitaria confiada y eficaz, la tarea de comunicarse sin perder la identidad más genuina ni la fuerza de lo espiritual y de la discreción, la capacidad de pensar con seriedad, con realismo y con valentía.

La respuesta a los desafíos que tiene la vida eclesial no viene de planteamientos filosóficos, sociológicos, psicológicos o comunicativos, aunque sea también necesario contar con tales perspectivas. Para reflexionar sobre la vida eclesial y para pensar cómo la Iglesia ha de renovarse constantemente, las claves se encuentran en su propia identidad, que es teológica y entraña una misión espiritual. La Iglesia tiene su fuente de vida en la relación con Jesús y toda su acción nace de su identidad evangélica. Por eso, el ser eclesial y el camino de renovación sobre el que se va a reflexionar en este libro han de entenderse desde Jesús. A esa radicación de la Iglesia en el misterio de Jesús, que constituye el quicio y el hontanar su vitalidad, se dedica el primer capítulo, que es la base para toda la reflexión posterior.

1

UNA IGLESIA CENTRADA EN JESÚS

De la Iglesia sólo se puede hablar de forma relativa, porque ella nunca es el centro ni el fin. Su misma naturaleza es alusiva; tiene el quicio de su identidad en remitir a otros. Cuando se quiere decir algo de la ella, hay que mirar a Jesús, su origen y sentido, y a los hombres, a quienes se dirige su misión. La reflexión eclesial y teológica sobre la Iglesia, su importancia, sus estructuras, su organización, su necesidad de renovarse o su belleza terminan poniendo ante algo que trasciende a la misma Iglesia. Si el discurso se queda en ella misma resulta empobrecedor, porque la forma de pensar la Iglesia y de vivirla precisa hablar de Dios y del mundo, de la historia y de lo eterno, de las culturas y de lo esencialmente humano[1].

De la Iglesia se habla bien cuando se entiende su condición relativa. La época patrística ha insistido en la imagen de la luna, que recibe la luz del sol para iluminar en la noche y se va debilitando su resplandor cuando él se hace presente[2]. Como la luna, la Iglesia recibe su vida de

1. Refiriéndose al carácter eclesiológico del Concilio Vaticano II, Gabriel Richi explica que «cuando la Iglesia quiere pensar sobre sí misma, habla de la fe y del mundo: se refiere a su origen en el designio de salvación de la Trinidad y a su finalidad, el anuncio de la salvación a todos los hombres» (*La Iglesia somos nosotros en Cristo*, 81).

2. Hugo Rahner ha presentado la eclesiología de los Padres de la Iglesia a partir de la imagen del «misterio de la luna» (*mysterium lunae*); ella va muriendo para mostrar a Jesús, «sol que llega de lo alto» (Lc 1, 78); ella da vida como madre e ilumina siendo signo del Señor (*Symbole der Kirche*, 89-173).

Jesús, y tiene como misión hacerlo presente en medio del mundo para conducir a los hombres hacia él. Lo decisivo no es la Iglesia, sino Jesús, su misterio, su belleza, su salvación. Incluso cuando uno siente la atracción de la vida eclesial –su verdad y su acción caritativa, su belleza y su fortaleza–, termina conducido al misterio que la habita y la ilumina. Sin la luz de Jesús, ella se anega en la oscuridad y el sin sentido. La Iglesia es decisiva precisamente porque Jesús la ha creado y se ha vinculado a ella, de tal modo que el acercamiento a Jesús pasa por ella y se realiza de forma eclesial. Joseph Ratzinger ha enfatizado este aspecto central al responder a la pregunta sobre su continuidad en la Iglesia: «Permanezco en la Iglesia porque creo que hoy como ayer, e independientemente de nosotros, detrás de 'nuestra Iglesia' está 'su Iglesia', y que no puedo estar cerca de él si no es permaneciendo en su Iglesia. Permanezco en la Iglesia porque, a pesar de todo, creo que no es en el fondo nuestra sino 'suya'»[3].

La belleza de la Iglesia se encuentra en que pertenece a Jesús. Ella no es Jesús, vive de él, y ha de vivir fiel a tal misterio. Por Jesús la Iglesia se convierte en un misterio vivo y en un acontecimiento determinante para la fe cristiana. No nos interesa por sí misma, sino por la relación con Jesús y como mediación en la vivencia de la fe.

La tesis que se quiere defender en este capítulo es que la Iglesia es de Jesús. Él no sólo le ha dado una forma, sino que está personalmente unido a ella. Es la Iglesia de Jesús.

1. La comunidad de los discípulos

Desde el comienzo de su ministerio terreno, Jesús fue generando a su paso comunión. Así creó una comunidad de discípulos, que se caracterizaba por ser diversa y varia-

3. J. Ratzinger, *¿Por qué permanezco en la Iglesia?*, 103.

da[4]. Algunos lo escuchaban; otros además lo siguieron en algún momento y lo ayudaron. De entre ellos, unos pocos compartieron con él la vida, le siguieron permanentemente y formaron un grupo estable a su alrededor. A algunos el Maestro los ha llamado, pidiéndoles que lo sigan (Mc 1, 16-20; 10, 21), y a otros no les ha permitido ir tras él, sino que les ha encomendado dar testimonio en su entorno familiar (Mc 5, 19). Los cuatro evangelios atestiguan que Jesús constituyó el grupo de los Doce como un signo de que su misión consistía en reunir a Israel; pero también los convocó «para que estuvieran con él y para enviarlos a predicar» (Mc 3, 14). Los evangelios también hablan de otros discípulos que colaboran en la misión; baste señalar el grupo de aquellos setenta y dos que fueron enviados, de dos en dos, a donde pensaba ir el Maestro (Lc 10, 1), el grupo de las mujeres que están en el momento de la crucifixión y «le seguían y le servían cuando estaba en Galilea» (Mc 15, 41), el grupo heterogéneo de discípulos secundarios e incluso el de discípulos clandestinos, que se acercan a Jesús en secreto –como Nicodemo y José de Arimatea (Jn 19, 38-39)– y que juegan un papel en los evangelios.

1. *La nueva familia de Jesús*

Esta comunidad amplia de discípulos tiene su núcleo en quienes comparten la vida con Jesús, hasta el punto de considerarlos su familia: «Y mirando en torno a los que estaban sentados en corro, a su alrededor, dice: 'Estos son mi madre y mis hermanos. Quien cumpla la voluntad de Dios, ese es mi hermano, mi hermana y mi madre'» (Mc 3, 34-35).

El centro de esta nueva familia es Jesús, que vive referido al Padre y se esfuerza por buscar su voluntad. Según Thomas Söding, «el contenido de la familia de la que Je-

4. Cf. S. Guijarro, *Jesús y sus primeros discípulos*, 145-168; G. Lohfink, *Jesús de Nazaret*, 151-173.

sús habla consiste en ser hijos de Dios en comunidad con él, el Hijo de Dios, y con una total confianza en el Padre»[5]. Esta sorprendente filiación se convierte en la característica determinante de los discípulos de Jesús y de su peculiar fraternidad.

Tanto la condición filial como la consecuente fraternidad entrañan un modo de vivencia comunitaria, que Jesús relaciona con el Padre, con la igualdad entre los discípulos y con el servicio: «Vosotros, en cambio, no os dejéis llamar rabí, pues uno solo es vuestro maestro, y todos vosotros sois hermanos. Ni llaméis a nadie padre vuestro en la tierra, pues uno solo es vuestro padre, el del cielo. Ni tampoco os dejéis llamar guías, porque uno solo es vuestro guía, el Cristo. El mayor entre vosotros será vuestro servidor» (Mt 23, 8-11).

En la nueva fraternidad[6], las relaciones y la autoridad están marcadas no sólo por la igualdad (todos hermanos), sino también por la humildad y la búsqueda de la voluntad del Padre según las palabras y enseñanzas de Jesús. Esto supone un estilo de vida marcado por el servicio, tal como Jesús mismo desarrolla su existencia (Mt 20, 24-28). Se trata de una forma de vida que concreta una existencia troquelada por el amor, que es el motor vital de Jesús, el Hijo amante del Padre y el servidor fiel de los hombres. Según este modelo, sus discípulos han de configurar toda

5. T. Söding, *Jesus und die Kirche*, 109. En la teología joánica se comprende a los creyentes también con formas familiares, que se concretan en las categorías de discípulos, hermanos y amigos de Jesús. Cf. K. Scholtissek, *Kinder Gottes und Freunde Jesu*, 205-229.

6. En esta dinámica que crea Jesús, las primeras comunidades cristianas se configuran como fraternidades, tal como muestra Marcelino Legido en un minucioso estudio sobre la eclesiología paulina. «Se reunían en una casa, convertida en hogar, alrededor de una mesa. Allí se sienten y son 'hermanos'. Pero esta religación horizontal es consecutiva. Está constituida por la religación vertical de su filiación. Son 'hermanos', porque son 'hijos'. La fraternidad, por tanto, se constituye por el don del Padre, el don de su misericordia, que es la gracia» (*Fraternidad en el mundo*, 151).

su existencia con y como él, desde el amor a Dios y a los hermanos[7]. La teología joánica destaca esta comunión de amor con una fórmula sintética: «Como el Padre me amó, así os he amado: permaneced en mi amor» (Jn 15, 9). No en vano, es este amor el que da sentido al mandato de Jesús para sus discípulos, que consiste en «que os améis unos a otros como yo os he amado» (v. 12; cf. v. 17). A fin de cuentas, en la entraña de la comunidad de Jesús está el amor como fundamento y aliento de vida, que todo lo debe impregnar, regir y guiar.

2. *La vinculación entre Jesús y la Iglesia*

El grupo de los discípulos es el signo eminente del dinamismo comunional propio del Evangelio. Jesús crea comunión como la forma de hacer presente el Reino de Dios en el mundo. Su acción sanadora y sus gestos de acogida a los pecadores hacen brotar relaciones nuevas, vinculando a los hombres consigo y entre sí. La extensión del reinado de Dios tiene lugar en forma de comunidad con Jesús. Ahora bien, no se trata sólo de un medio para hacer presente el Reino, sino también para vincularse Jesús mismo con sus discípulos.

Después de la confesión de Simón en Cesarea de Filipo, Jesús le dice: «Tú eres Pedro, y sobre esta piedra edificaré mi Iglesia» (Mt 16, 18). Los discípulos son su comunidad; en palabras de Jesús: «*mi* Iglesia». Del mismo modo, combatir contra los cristianos es perseguir a Jesús mismo, según la experiencia de Pablo (Hch 9, 1-6). Precisamente por esa vinculación tan personal, los discípulos están unidos a Jesús en su misión y lo representan ante otros. El Maestro asegura que son «luz del mundo» y «sal de la tierra» (Mt 5, 13.14), por lo que en ellos se refleja él mismo y por medio

7. Cf. T. Söding, *Jesus und die Kirche*, 195-206; G. Lohfink, *La Iglesia que Jesús quería*, 58-66.

de ellos transforma el mundo, haciendo que crezca hacia el Reino de Dios[8]. Los discípulos no sólo actúan en nombre de Jesús y con su fuerza, sino que además lo representan, siguiendo la dinámica teológica del envío: «Quien a vosotros os recibe, a mí me recibe, y quien me recibe a mí, recibe a Aquel que me ha enviado» (Mt 10, 40; cf. Jn 13, 20). Jesús les confía el don de su vida en la eucaristía, pidiéndoles que repitan el gesto en memoria suya para actualizar su entrega amorosa (Lc 22, 19). Asimismo, una vez resucitado les hace partícipes de su propia misión: «Como el Padre me ha enviado, también yo os envío» (Jn 20, 21). En el ejercicio de esa misión, los discípulos actúan y Jesús mismo actúa con ellos, como se indica al final del evangelio según Marcos: «Ellos salieron a predicar por todas partes, y el Señor actuaba con ellos y confirmaba la palabra con los signos que la acompañaban» (Mc 16, 20).

Los discípulos no son meros ayudantes de Jesús, sino que entran a formar parte de su vida y de su misterio personal. Esto lo ha percibido con mucha claridad Pablo, que habla de los cristianos como miembros del cuerpo de Cristo (1 Cor 12, 12-13). Pertenecen al misterio de Jesús, porque él vive en ellos (Gal 2, 20) y los considera amigos y hermanos (Jn 15, 1-17; Rom 8, 29; Heb 2, 11)[9].

Romano Guardini ha explicado esta presencia de Jesús en sus discípulos como una acción del Espíritu en Pentecostés: «Una vez que el Espíritu ha descendido sobre ellos, se ha efectuado una misteriosa 'modificación del lugar'. Ahora ellos hablan desde él. Ya no está 'frente a ellos', está 'en' ellos. Cuando ellos hablan, es él quien habla»[10].

8. Cf. T. Söding, *Jesus und die Kirche*, 150-153.

9. Con la imagen del cuerpo se subraya la comunión vital entre Cristo y sus discípulos, lo cual se destaca también con otras imágenes, como la vid y los sarmientos, la casa edificada en Cristo o la novia del Cordero. Cf. R. Schnackenburg, *La Iglesia en el Nuevo Testamento*, 197-210.

10. R. Guardini, *El sentido de la Iglesia*, 125-126.

Aquí se encuentra la máxima relevancia de la Iglesia. No se trata simplemente de que ella ayude a acercarse a Jesús y a vivir la fe. Antes bien, Jesús mismo la ha formado y se ha unido a ella, por lo que la manera de conocer a Jesús, de seguirlo y de recibir el don de su vida es a través de su comunidad de discípulos, de su Iglesia. Y por eso la Iglesia se hace relevante en el acontecimiento salvífico y en la vivencia de la fe. Conviene recordar que esto acontece no porque, primariamente, ella porte a Jesús, sino porque Jesús se ha identificado con ella; a través de ella se comunica, ya que su misterio es eclesial. Según esto, cuando alguien se une a Jesús, queda incorporado a su Iglesia; asimismo, quien entra en relación con la Iglesia, se vincula con Jesús[11].

Esta dinámica en el origen del ser eclesial hace ver que Jesús es la fuente permanente de vitalidad eclesial. La tradicional imagen de la fundación de la Iglesia por Jesús no ayuda a percibir bien este dinamismo. El Señor no es solamente alguien que está al principio de la historia de la Iglesia, al final como su destino y en el camino como quien ayuda a cumplir la misión. Más que fundador, él es cimiento y fundamento (1 Cor 3, 10-13); no queda meramente en el origen, sino que constituye la fuente permanente de vida eclesial[12].

La Iglesia vive de Jesús, por él y para él. No puede existir como algo separado de él, pues en él tiene su manantial de vida. Jesús es Cabeza y Esposo; aquel que da vida y orienta, aquel que ama y con el que la Iglesia está en relación vital. Sin Jesús la Iglesia no tiene ningún sentido,

11. Esto justifica la relevancia salvífica de la Iglesia, que siempre es derivada del misterio de Jesús y ha de entenderse en relación con él (cf. Congregación para la Doctrina de la Fe, *Dominus Iesus*, 18-22).

12. Sobre la diferencia entre fundador y fundamento, y su repercusión para la eclesiología, cf. S. Madrigal, *La Iglesia, «signo alzado entre las naciones»*, 67-92.

aunque ella misma no es Jesús. Esta unidad y distinción se mantienen claramente gracias a las imágenes bíblicas a las que se ha aludido: como cabeza de la Iglesia (Col 1, 18; Ef 5, 23), es aquel que hace ser y está realmente presente en la misma Iglesia; como esposo de la Iglesia (Ef 5, 31-32; Ap 21, 2.9), es aquel ante quien la Iglesia está, al cual debe amar y servir fielmente.

Sea como fuere, estas imágenes corresponden más propiamente a la Iglesia, que es cuerpo de Cristo y esposa de Cristo (LG 7)[13]. La imagen del cuerpo destaca, particularmente, la unidad. Jesús es un cuerpo y este cuerpo es la Iglesia. Porque es cuerpo de Cristo, la Iglesia es inseparable de Jesús, y apartada de él no tendría vida, quedaría vacía y moriría. Es impensable una Iglesia sin Jesús, pues desaparecería o dejaría de ser lo que es. Y porque es esposa de Cristo, la Iglesia es distinta de Jesús y está en constante relación con él; ha de seguirlo y buscar cómo serle fiel; está llamada a darse una existencia histórica según su identidad teológica. Al diferenciarse de Jesús, cabe la posibilidad de que la Iglesia pueda ser infiel en la vivencia histórica de su ser. Esta es la razón que justifica la necesidad de fidelidad, la cual se pide cada día en la oración eclesial y se busca en todo tiempo al configurar la existencia histórica de la Iglesia.

2. La Tradición viva

La Iglesia está en permanente referencia a Jesús como vivencia de una Tradición. En este sentido, la descripción del origen histórico de la Iglesia no es un mero recuerdo o una simple información, sino que se trata de lo que esen-

13. Sobre la inseparable condición de cuerpo y esposa de Cristo, cf. H. U. von Balthasar, *¿Quién es la Iglesia?*, 175-205; J. Ratzinger, *La Iglesia*, 21-23; W. Kasper, *Iglesia católica*, 193-206.

cialmente constituye al ser eclesial y de lo que determina la vivencia de la fe cristiana. La relación con Jesús ha de vivirse en cada tiempo y han de vivirla los cristianos concretos, que en cada momento histórico son los discípulos de Jesús. Los cristianos de ahora somos los discípulos de Jesús en este momento de la historia. La fe tiene, pues, una dimensión de *actualidad*. No consiste en una proyección hacia un pasado ideal, ni en una repetición de lo que se vivió en otros tiempos. La actualidad de la fe pasa por la experiencia personal y por la configuración comunitaria de la existencia cristiana.

Se trata de la actualidad de Jesús, que «es el mismo ayer, hoy y por los siglos» (Heb 13, 8). Y Jesús es el que vivió, murió y resucitó hace dos milenios, con una historia concreta, en unas circunstancias precisas, con su particular condición personal. Entonces actuó, comunicó su palabra y ofreció su vida. Por eso, la vida terrena de Jesús fue configuradora de su ser y de su misterio. Ese misterio personal de Jesús se va transmitiendo a lo largo de la historia y es el quicio en el que se asienta la fe y la vida de la Iglesia. Pablo lo formula con claridad como esencia de la fe: «Os transmití en primer lugar lo que a mi vez recibí: que Cristo murió por nuestros pecados, según las Escrituras; que fue sepultado y que resucitó al tercer día, según las Escrituras» (1 Cor 15, 3-4).

En la lógica de la evangelización y de la fe hay una dinámica de transmisión. Si Jesús es la referencia esencial, no nos lo inventamos ni nos imaginamos lo que es; recibimos como don su misterio. Por consiguiente, la Iglesia vive ante todo de la Tradición *viva*. Esta vitalidad viene, en un sentido, gracias a que el Espíritu Santo hace presente, vivo y actual a Jesús. El que está sentado a la derecha del Padre envía su Espíritu y así comparte su vida con los hombres. El Espíritu actualiza a Jesús en la historia, lo interioriza en el creyente y hace que este entre en relación personal con Jesús. Como enseña Pablo, «nadie puede decir 'Jesús es Señor' si no es por el Espíritu Santo» (1 Cor 12, 3). En otro sentido, la Tradición también es *viva* porque genera vida cristiana en cada momento histórico y en cada cristiano. Esa Tradición implica elementos esenciales que son siempre comunes; pero no se cifra en hacer siempre lo mismo. Requiere vivir hoy la misma fe, la misma comunión con Jesús, que se hace presente y actual por la acción de su Espíritu.

El contenido evangélico se transmite. Hace referencia a lo esencial de la Tradición, que se encuentra, primero, en *la confesión de la fe*, con su anuncio kerigmático, su formulación dogmática y su reflexión teológica; segundo, en *la oración de la Iglesia*, tal como se expresa en las formas y textos litúrgicos; y, tercero, en *la estructuración comunitaria*, por la que se concreta la vivencia de comunión con Jesús, de fraternidad y de servicio a los pobres[14].

Ahora bien, lo que es constitutivo del encuentro con Jesús ha de hacerse vivo. La comprensión cristiana de la Tradición, más que con el pasado, tiene que ver con el presente. No cabe duda de que se recibe algo que nos llega de un tiempo anterior al nuestro, por lo que recibimos históricamente la vida de la Iglesia. Pero lo decisivo de la Tradición es cómo vivimos esto que nos llega, porque lo que hace que sea una Tradición viva no está en mantener sin más formas del pasado o en repetir algo, sino en vivir actualmente eso que recibimos. Y lo que recibimos es a Jesús mismo. La Iglesia es Tradición viva en sí misma, porque se recibe de Jesús, vive para él y lo hace presente en medio del mundo. En suma, la Tradición nos une a Jesús y da forma al ser eclesial como presencia de Jesús en medio del mundo.

14. Romano Guardini habla de «una comunidad configurada por el dogma, la liturgia y el derecho canónico» (*El sentido de la Iglesia*, 23).

3. El sacramento de Jesús

Con una afirmación en su momento un tanto atrevida, Henri de Lubac describía a la Iglesia como «el sacramento de Jesucristo»[15]. La recuperación de la categoría de sacramento aplicada a la Iglesia destaca que pertenece a Jesús y que es su transparencia para los hombres, con el fin de que se lo vea a él y se entre en comunión con él[16]. La idea de sacramentalidad subraya, al mismo tiempo, la unidad y la diferencia entre la Iglesia y Jesús. Es sacramento porque está radicalmente unida a él y porque lo hace presente en cuanto que es distinta de Jesús y tiene una entidad propia. En efecto, la sacramentalidad es «el fenómeno de que dos realidades distintas están de tal manera relacionadas entre sí que la segunda expresa la primera en la medida en que aquella es 'ella misma'»[17]. Siendo ella misma, con sus elementos constitutivos (Palabra, Apóstol, Sacramentos, Comunión), con su estructura y organización humanas, y con las personas concretas que la forman, la Iglesia representa a Jesús, lo hace actual y vivo en el mundo.

Además, la realidad sacramental muestra que la Iglesia está en analogía con el misterio de la encarnación del Hijo de Dios. Es una realidad compleja en la que se potencian juntos lo espiritual y lo visible, lo personal y lo social, la relación con Dios y la comunión con los demás, lo humano y lo divino (LG 8; SC 5)[18]. La integración de diversos elementos y relaciones es parte del ser eclesial. Desde el momento en que vincula a una comunidad humana, une con Dios; desde el instante en que hace posible la relación personal con Jesús, potencia las relaciones humanas y ge-

15. H. de Lubac, *Meditación sobre la Iglesia*, 163.
16. Cf. Y. Congar, *Un pueblo mesiánico*, 13-119; W. Kasper, *Teología e Iglesia*, 325-350; S. Pié-Ninot, *Eclesiología*, 175-210; R. Blázquez, *La Iglesia*, 97-110.
17. K. H. Menke, *Sacramentalidad*, 110.
18. Cf. H. de Lubac, *Paradoja y misterio de la Iglesia*, 19-36.

nera vida comunitaria; desde que integra en una estructura social y personal, introduce en la comunión con el Dios vivo. La relación con Dios tiene lugar en esa dinámica de inclusión de elementos.

La Iglesia es lugar de comunión entre Dios y el hombre porque Dios mismo ha seguido la dinámica creatural e histórica de la alianza. Jesús ha formado una familia de discípulos por la que se participa de la comunión trinitaria en la que él vive y a la que llama a los hombres. Jesús se vive como enviado por el Padre, a cuya relación introduce con su acción personal, que se concreta en predicar, curar y entregar la vida. Esa acción está troquelada por la obediencia como actitud fundamental. El Hijo vive siempre en relación filial con el Padre y su misión consiste en introducir a los hombres en su filiación. Esto es posible gracias a la acción del Espíritu, que acompaña el discurrir humano de Jesús y lo hace presente para los hombres en cada tiempo.

Para participar en esa comunión de Jesús con el Padre por la vinculación de amor que es el Espíritu Santo, se necesita una realización humana y mundana que sea comunitaria. Los hombres pueden participar en el misterio de Dios únicamente de forma humana. De ahí que sea teológicamente decisiva la humanidad del Hijo encarnado. Respondiendo a esta lógica sacramental, la Iglesia se revela como la concreción humana en la que se unen lo divino y lo humano, dando forma creatural y comunitaria al don de Jesús para los hombres en medio del mundo. En efecto, la Iglesia está dentro del acontecimiento teológico y salvífico porque en ella Jesús resucitado está presente. Sin su Iglesia, Jesús no es comprensible; sin la Iglesia, la salvación no alcanza a los hombres, puesto que el hombre es un ser histórico, mundano y comunitario, y la relación con Dios tiene una configuración esencialmente comunitaria y eclesial. La Iglesia responde a la dinámica trinitaria del amor y de la comunión, lo cual muestra su condición mistérica (LG 1-4)[19].

En cuanto estructura mundana, la Iglesia tiene una esencial condición visible. Se realiza humanamente y con formas sociales. Esto no es una debilidad en sí, sino un elemento constitutivo de su propia condición sacramental. La Iglesia ha de organizarse y tiene que darse forma histórica. Por eso, las estructuras sociales y su dimensión institucional, con normas y regulaciones, consejos y responsables, no sólo pertenecen a su identidad, sino que han de transparentar su ser espiritual.

4. Jesús, fuente y forma de la Iglesia

Si la Iglesia tiene su fuente, su forma y su sentido en Jesús, ha de entenderse y estructurarse totalmente desde Jesús[20]. Pablo afirma con rotundidad: «Nadie puede poner otro cimiento fuera del ya puesto, que es Jesucristo» (1 Cor 3, 11). Sin él nada de lo que hace la Iglesia tendría sentido ni fuerza. Podría parecer que tuviera alguna fecundidad, porque hace cosas buenas, ayuda a los hombres y a los pueblos, aporta coherencia moral a las sociedades, colabora en la construcción del mundo; pero si en todo ello no alienta el Espíritu de Jesús, su vida estará vacía o resultará estéril, y no podrá mantenerse.

En un libro ya clásico sobre la Iglesia, Henri de Lubac ha formulado estas ideas con especial agudeza, inspirándose en distintos autores de la patrística:

19. Cf. *Ibid.*, 37-61; R. Blázquez, *La Iglesia*, 15-50.

20. Hans Urs von Balthasar define a la Iglesia uniendo la conformación con Jesús y lo que llama el principio mariano: «Ella es la unidad de aquellos que son reunidos en el sí de María, que es inmaculado, infinito y conformador con Cristo mediante la gracia, son formados por él y están dispuestos a dejar que la voluntad salvífica de Dios actúe en ellos y para sus hermanos» (*Mein Werk*, 51). Sobre cómo Jesús mismo es la referencia vital para la Iglesia, cf. T. Söding, *Jesus und die Kirche*, 48-53; A. González Montes, *Imagen de Iglesia*, 5-51.

> Si Jesucristo no constituye su riqueza, la Iglesia es miserable. Si el Espíritu de Jesucristo no florece en ella, la Iglesia es estéril. Su edificio amenaza ruina, si no es Jesucristo su Arquitecto y si el Espíritu Santo no es el cimiento de las piedras vivas con que está constituida. No tiene belleza alguna, si no refleja la belleza sin par del Rostro de Jesucristo y si no es el árbol cuya raíz es la Pasión de Jesucristo. La ciencia de que se ufana es falsa y falsa también la sabiduría que la adorna, si ambas no se resumen en Jesucristo. Ella nos retiene en las sombras de la muerte, si su luz no es «luz iluminada» que viene enteramente de Jesucristo. Toda su doctrina es una mentira, si no anuncia la Verdad que es Jesucristo. Toda su gloria es vana, si no la funda en la humanidad de Jesucristo. Su mismo nombre nos resulta extraño, si no evoca inmediatamente en nosotros el único Nombre que les ha sido dado a los hombres para que alcancen su salud. La Iglesia no significa nada para nosotros si no es el sacramento, el signo eficaz de Jesucristo[21].

Es evidente la idea de que en la Iglesia todo debe estar centrado en Jesús, bien porque responda a un intento de concretar la palabra de Jesús, bien porque ayude a unirse más a él, bien porque tenga como fin que él se haga realmente presente en medio de los hombres. La vida comunitaria, el ejercicio de la caridad, la oración litúrgica y personal, las actividades propias y la colaboración con otras instituciones sociales, la organización administrativa, la vida espiritual de cada cristiano y todos los proyectos eclesiales han de tener como criterio el misterio de Jesús. La vida concreta de la Iglesia debe tener la forma de Jesús, ya que, de lo contrario, estaría deformada. Si resulta que en algunos aspectos o en algunas actividades se duda sobre su relación con Jesús porque no es claro que tengan algo que ver con él, hay algo que ciertamente no funciona. En la Iglesia todo tiene que ser evangélico; y aun cuando

21. H. de Lubac, *Meditación sobre la Iglesia*, 175-176.

no se vea explícitamente, tiene que ser posible relacionarlo con Jesús o, al menos, no ha de contradecir ni oscurecer su misterio.

¿No habrá que estar atentos en la Iglesia a una fuerte, a veces escondida, tentación de vivir «como si Cristo no existiera»? El protagonista de la novela más famosa de Flannery O'Connor, Hazel Motes, propone su «Iglesia sin Cristo»[22]. ¿No estará formulando el deseo más oscuro y pecaminoso de la Iglesia, queriendo vivir sin necesidad de Jesús e independientemente del Jesús real? Es claro que la Iglesia no vive sin Jesús; pero quizá a veces actúa sin contar con él y sin tenerlo como su referencia absoluta y primera.

Sin Jesús, la Iglesia se vacía, se desorienta y queda sin fuerza. Así se expresa en la escena evangélica de la tempestad calmada (Mt 14, 22-33). Los discípulos, cuando Jesús no está en la barca, sienten miedo y están perdidos, porque las olas y el viento los confunden y los llevan a la deriva. En el momento en que Jesús se hace presente, habla y actúa, la tempestad remite, la barca se orienta y los discípulos recuperan la calma, confesando su fe en Jesús como Hijo de Dios (v. 33). La imagen de la barca representa a la Iglesia[23]. Cuando Jesús está en ella y la Iglesia lo reconoce, hay orientación hacia su meta, fuerza ante las adversidades y vitalidad en la fe.

Que Jesús sea el centro, la forma y el criterio de la Iglesia lleva a concentrarse en él. ¿No se necesitará tener más en cuenta a Jesús en lo cotidiano de la vida eclesial? Puede haber una tentación de pensar mucho en Jesús, pero sólo en algunos ámbitos, relacionados con la oración y con una

22. Cf. F. O'Connor, *Sangre sabia*, caps. 6-10. En una predicación de cuaresma, Raniero Cantalamessa advertía: «Hay un peligro mortal para la Iglesia y es el de vivir 'etsi Christus non daretur', como si Cristo no existiera» («¿Quién de vosotros puede convencerme del pecado?»).

23. La imagen de la barca, con interpretaciones alegóricas de la Biblia y en relación con el madero de la cruz, ha sido central para la comprensión patrística de la Iglesia. Cf. H. Rahner, *Symbole der Kirche*, 237-564.

reflexión que a veces se queda en meras ideas. La Iglesia corre el peligro de que sus estructuras y su vida se centren en ella misma, al margen de Jesús, casi como si fuera una realidad autónoma. Frente a tal tentación, Jesús ha de pasar a toda la vida, la acción y la estructura eclesial. Para ello hay que hablar de él; y es necesario hablar bien y bellamente sobre él, es decir, reconociéndolo como real, vivo y activo en el mundo y en la Iglesia. La objetividad de su revelación en la Biblia y en el testimonio eclesial, unido a la experiencia personal de los cristianos que hoy vivimos, han de llevar a ver y manifestar el verdadero rostro de Jesús para que dé forma a la vida eclesial. Este es el objetivo que Pablo persigue en su acción apostólica, según confiesa a los gálatas: «¡Hijos míos!, por quienes sufro de nuevo dolores de parto, hasta ver a Cristo formado en vosotros» (Gal 4, 19).

5. El discernimiento eclesial

El problema que se presenta no está en el criterio de referir la Iglesia a Jesús, sino en cómo discernir la realidad eclesial a partir de Jesús. En todo lo que se hace en la Iglesia siempre habría que preguntarse: ¿Qué tiene que ver esto con Jesús? ¿Es coherente con su Evangelio? ¿Nos ayuda a estar más cerca de Jesús y a vivir como él? ¿Qué nos está pidiendo?

De primeras, conviene subrayar que no hay una única forma de vivir el misterio de Jesús; se puede apelar a Jesús para presentar distintas formas de vivir en la Iglesia. Por tanto, hay que mantener un legítimo pluralismo, pues el misterio de Jesús no es uniforme y permite diversidad en insistencias y formas de realizar la única fe y la común misión. Si la Iglesia es de Jesús, nadie es la Iglesia ni puede arrogarse una vivencia exclusiva del ser eclesial. Pero, por otro lado, se necesitan elementos de objetividad para saber si algo está relacionado con Jesús y lo muestra o, en cambio, dificulta la relación con él o difumina su misterio. Seguramente no siempre pueda alcanzarse total seguridad. En efecto, el conocimiento viviente de Jesús en la Iglesia no se da mediante la certeza, sino por el discernimiento de la voluntad de Dios, que se hace mediante la sabiduría espiritual, el diálogo y las decisiones, que implican opciones personales. El discernimiento no alcanza seguridad, sino una decisión, buscando la voluntad de Dios e intentando ser fieles al Evangelio. Esto significa que las decisiones nunca son cerradas y seguras. Al final, nadie puede pretender ser intérprete único de Jesús, ni siquiera conocerlo mejor que los demás y así imponer su manera de discernir como absoluta.

El discernimiento supone un contexto eclesial en el que hay algunos elementos de objetividad. La vida eclesial va conformando corporalmente a Jesús; en su existir, orar, escuchar la Palabra de Dios, predicarla, amar a Jesús y servir a los hombres va acomodándose a Jesús, a su forma de ser, de pensar, de amar, de actuar. Lo concreto de la vida eclesial ayuda a percibir al Jesús real. Estos elementos son la Palabra de Dios, la oración litúrgica en la celebración de los sacramentos y en la liturgia de las horas, la enseñanza eclesial en el magisterio y los encuentros con los hombres y las culturas, en los que se buscan los signos de los tiempos. Cuando los cristianos y las distintas comunidades eclesiales se acostumbran a escuchar la Palabra, a celebrar los sacramentos, a unirse a Jesús en la oración y a discernir en comunión mediante el diálogo, se está potenciando la configuración de la vida personal y eclesial desde el misterio de Jesús. Hay una fuerza que actúa en la comunión, lo cual requiere tanto el compromiso espiritual de crecer en la fe y de buscar la voluntad de Dios como opciones éticas de dejarse llevar por la verdad y de perseguir incansablemente el bien común.

Esto quiere decir que, aun habiendo elementos objetivos para el discernimiento evangélico, es necesaria una vivencia espiritual. La vida eclesial crece desde una raíz espiritual de comunión personal y comunitaria con Jesús. Por ello, cuando hay debilidades y problemas eclesiales, se precisa un crecimiento espiritual de todos para afrontarlos. Y en cualquier momento la vivencia eclesial se alimenta y se desarrolla desde la profundización en la relación con Jesús.

Esta espiritualidad eclesial se conforma de modo singular en la liturgia de la Iglesia. Así, en la oración litúrgica, particularmente en la celebración de la eucaristía, los cristianos, las distintas comunidades y la Iglesia misma toman la forma de Jesús. La liturgia cristiana es una acción de la Iglesia que actualiza el acontecimiento de la salvación; Jesús resucitado está presente y actúa con su gestualidad propia, haciendo que la Iglesia vaya conformándose a la corporalidad de Jesús por la ritualidad litúrgica. El benedictino François Cassingena-Trévedy define la liturgia como «un gesto bello de Cristo que coordina nuestros gestos con los suyos»[24]. Al unirse a Cristo, al escuchar su Palabra, hacer sus gestos y dejar que su Espíritu y su fuerza entren en la vida personal y comunitaria, la Iglesia va adquiriendo y dando forma histórica a los pensamientos, a los sentimientos y a los gestos del Señor, para que en toda su vida piense, sienta y actúe como él.

La vitalidad de la Iglesia depende de mantener la conexión de toda su vida y su acción con Jesús y de cambiar, corregir o mejorar aquello en lo que no se perciba el misterio de Jesús o no se viva en comunión con Jesús. Esto siempre supone tensiones y cambios, pero lo que en la Iglesia no tenga que ver con Jesús, será estéril y convendría abandonarlo, porque causará daño o descentrará a la

24. Cf. F. Cassingena-Trévedy, *La belleza de la liturgia*, 26.

Iglesia de aquello que es nuclear. Pues la Iglesia ha de estar bien centrada y muy centrada en quien es fuente y fuerza de su vida: Jesús de Nazaret, el Hijo de Dios encarnado, el Señor resucitado. Esto supone mantener permanentemente activo un dinamismo de renovación, para vivir en cada momento de forma actual el Evangelio de Jesús.

2
EL DINAMISMO DE LA RENOVACIÓN

Cuando la Iglesia está centrada en Jesús, se despierta en ella un dinamismo de constante renovación, que anima a sus miembros a seguirle, a ser como él y a vivir desde su Palabra. La actualización novedosa y fiel del Evangelio es la prueba tangible del dinamismo de la renovación eclesial. Pero el dinamismo de la Iglesia remite siempre al Espíritu Santo. Él es la verdadera fuerza que guía, alienta y fortalece a la Iglesia porque la mantiene en una relación viva con Jesús. Y es justo esta vinculación con Jesús la que hace de la Iglesia una realidad sacramental. En este capítulo, tras reflexionar sobre estas cuestiones teológicas, se formulan criterios que ayudan a pensar esta renovación de la Iglesia.

1. El aliento del Espíritu Santo

La Iglesia está sostenida y animada por el Espíritu de Jesús. Sus discípulos comparten su vida y están vinculados por el Espíritu que recibieron en Pentecostés para comunicar el Evangelio. Por eso, la misión eclesial sigue el impulso y la llamada del Espíritu Santo; más aún, recibe de él su fuerza y es la fuente de su vitalidad. El Espíritu da vida a todo lo eclesial, haciendo que sus estructuras constitutivas sean fecundas. En este sentido, el Espíritu es el alma de la Iglesia[1].

1. Comenta Agustín de Hipona: «Lo que es el alma respecto al cuerpo del hombre, eso mismo es el Espíritu Santo respecto al cuerpo de Cristo, que es la Iglesia. El Espíritu Santo hace en toda la Iglesia lo que el alma hace en todos los miembros del único cuerpo» (*Sermo* 267, 4, en PL 38, 1231).

Sin él la Iglesia sería una mera institución, aunque fuera importante para la sociedad, y la vida cristiana tan sólo sería un camino admirable entre otros, pero sin fruto. Con el Espíritu la Iglesia está viva y transmite la vida de Jesús; y la existencia cristiana se convierte en testimonio de la vida eterna y de la alegría de Dios.

Una Iglesia centrada en Jesús vive de su Espíritu, que es, según la descripción de san Ireneo, «comunicación de Cristo»[2]. Jesús es quien da su Espíritu a los hombres y, al hacerlo, se está comunicando a sí mismo. Por otra parte, es el Espíritu Santo quien hace presente a Cristo en el mundo y en la Iglesia. Se trata de una fuerza de universalización y de personalización, que pone el misterio de Jesús y su forma vital en todos los creyentes, vinculando a cada uno con la comunidad del Señor. De este modo es posible ser contemporáneos de Jesús, ya que él está espiritualmente presente.

El Espíritu modela a la Iglesia según la imagen de Jesús; va haciendo a la Iglesia según su forma, para que en cada momento ella se parezca a Jesús y así lo transparente de modo histórico. Esto tiene lugar mediante una constante vivificación de las personas y de las estructuras constitutivas de la Iglesia. Donde alienta el Espíritu de Jesús allí hay vida y vitalidad. Pues sin el Espíritu, todo lo eclesial se quedaría sin contenido vital, sin impulso espiritual. Por eso, para mantenerse fieles a Jesús, se hace necesaria la apertura a su Espíritu y la disponibilidad para seguir sus llamadas, dejándose configurar con la forma de ser de Jesús.

En este contexto espiritual se sitúa la acción de la Iglesia, que consiste en realizar la misión que Jesús le ha confiado: «Id y haced discípulos a todas las gentes, bautizándolas en el nombre del Padre y del Hijo y del Espíritu Santo, y enseñándoles a guardar todo lo que yo os he

2. Ireneo de Lyon, *Adversus haereses* III, 24, 1, en PG 7, 966B.

anunciado. Y he aquí que yo estoy con vosotros todos los días hasta el fin del mundo» (Mt 28, 19-20). El envío misionero está destinado a vincular a los hombres con Jesús, haciéndolos sus discípulos. Esto se lleva a cabo mediante el anuncio de la palabra de Jesús y el bautismo que hace participar en la vida de Dios. Esto no significa una acción eclesial aparte de Jesús o sin Jesús. Él sigue con sus discípulos, y dicha presencia no es un mero apoyo, sino que pertenece al mismo envío y a la realidad de la misión (v. 20). Esta misión no es distinta de la de Jesús, ya que sólo se realiza en unión con él. Jesús resucitado está en la Iglesia, actúa en ella y por medio de ella gracias a la presencia activa de su Espíritu.

2. La sacramentalidad de la Iglesia

La acción del Espíritu se concreta en forma sacramental, pues hace presente a Jesús mismo en la realidad de una comunidad humana en medio del mundo.

La unión con Jesús es realizada por el mismo Espíritu, que es comunión y hace vivir en Jesús el amor del Padre (2 Cor 13, 13). El Espíritu agranda la humanidad de Jesús y la hace espacio de comunión personal. La participación de los hombres en esa comunión divina constituye el fundamento del ser eclesial.

1. *La figura histórica de la Iglesia*

Por su sacramentalidad, la Iglesia es una realidad compleja y, en cierto modo, paradójica. Integra los elementos divinos del Espíritu Santo, la Palabra de Dios, los sacramentos y la estructura apostólica de la comunidad de discípulos, además del elemento humano de la fe, la esperanza y el amor de los cristianos que forman esa comunión. Hay, por tanto, realidades que conforman el ser eclesial y personas concretas que los viven y los realizan[3]. Así se acoplan las realidades santas y las personas que conforman una comunión que, por definición, sólo puede ser concreta. El Espíritu Santo está personalmente conformado por la humanidad de Jesús y toca a los creyentes para que reciban la forma de Jesús. Esta dinámica espiritual afecta a todo lo eclesial, pues junta lo interior y lo exterior, lo espiritual y lo corporal, el testimonio objetivo y la experiencia subjetiva.

Esta unión de dimensiones supone que la Iglesia, a la vez que es el cuerpo de Cristo, que tiene en él su cabeza y su fuente de vida, es la esposa de Cristo, pues se comunica con él. Por esta relación viva con él, que se destaca al considerarla su esposa, ha de darse una forma concreta en el tiempo. Su relación no está ya hecha, sino que tiene que vivirse en la historia, pues no existe una Iglesia en sí que pueda abstraerse de aquellos que la han formado en la historia y de aquellos que ahora la componen en el peregrinar terreno[4].

En cada tiempo, la Iglesia ha de vivir de una forma concreta su esencial identidad. Su figura histórica se va modelando desde circunstancias concretas y a partir de la

3. Cf. W. Kasper, *Iglesia católica*, 167-175.

4. Según el teólogo suizo Hans Urs von Balthasar, a la pregunta ¿quién es la Iglesia?, «sólo pueden dar respuesta satisfactoria sujetos reales, y no un *mero* colectivo, pues este sigue teniendo un cierto carácter ficticio y circunstancial, incluso en el caso de la real conexión genealógica de la humanidad entera. Sólo pueden hacerlo sujetos reales que participan, por gracia de Dios, en el sujeto normativo y en la conciencia de ese sujeto. Tal participación sólo resulta posible por la gracia infusa, y, por eso, aquello de lo que se participa es algo divino: El Sujeto supremo, que responde a la pregunta planteada, sólo puede ser el Sujeto divino mismo» (*¿Quién es la Iglesia?*, 221-222). A la Iglesia se le aplican categorías personales, porque ciertamente es más que un «algo» y más que la simple reunión de personas; actúa y nos relacionamos con ella como lo hacemos con «alguien». La Iglesia cree, espera, ama, ora, enseña, piensa, quiere, decide, escucha, acoge, juzga, sirve. Evidentemente es persona en sentido analógico, y su especificidad como persona está en que lo es en relación con aquellos que la integran. Sobre esta esencial implicación de la Iglesia y sus miembros, cf. S. Ackermann, *Kirche als Person*, 213-290.

vivencia y de la acción de aquellos que viven la fe en cada momento de la historia. Ellos le dan vida y dinamizan sus estructuras sociales para vivir la comunión eclesial. Esa concreción no es arbitraria, sino que ha de responder fielmente a su ser. Si la Iglesia es fundamentalmente «Tradición», su figura histórica debe responder a ella. Se trata de vivir en cada tiempo la fidelidad al propio ser, esto es, a Jesús, que es su fuente vital, y ello requiere una actitud de renovación permanente.

2. *Santidad y pecado en la Iglesia*

La figura que la Iglesia adquiere en la historia hace presente la santidad, pero también hace posible en ella el pecado. En el Símbolo de la fe confesamos que la Iglesia es santa. Gracias a su estructura teológica, es santa y santifica, porque por sí misma, en cuanto sacramento, manifiesta el misterio de Dios y une a Él. Sabemos o intuimos, en el fondo, que la Iglesia tiene tanto que ver con Dios que, si uno se aleja de ella, también se aleja de Dios. Hay algo divino en la Iglesia, y en ella se halla una fuente de santidad. Uniéndose a la Iglesia, el hombre se acerca al Santo y entra en un ámbito de santidad que habita en el mundo. Esto despierta una confianza primera en la Iglesia, pues en ella se encuentra luz, sabiduría para la vida, seguridad en la existencia. La tradicional comprensión de la Iglesia como madre es vivida de forma casi espontánea. Ella nos da vida, nos cuida y nos sostiene.

Quizá por eso, cuando se percibe el pecado de los cristianos y las culpas de la Iglesia, el escándalo es mayúsculo. La que tiene que ser manifestación mundana del amor divino y de la santidad, aquella en la que se confía y de la que se espera el bien, la belleza y la verdad, se vuelve especialmente horrible si oscurece tal santidad y, en vez de gestos de amor, transmite maldades y perversiones.

Por otra parte, no sólo entra en juego la transmisión de la santidad, sino que además se termina cuestionando su identidad. Si la que es sacramento, y por eso desvela el misterio de Dios, lo vela y oscurece, está trastornando su propio ser. El pecado resulta incompatible con el ser eclesial; si bien es innegable que existe el pecado en la Iglesia. Su santidad no es perfecta, como reconoce el Concilio Vaticano II: «La Iglesia está marcada ya en la tierra por una verdadera santidad, aunque imperfecta» (LG 48).

La toma de conciencia del escándalo puede dar paso al realismo, lo cual suscita más confianza que esa idea abstracta e imponente que solemos tener de la santidad. En esto está pensando Joseph Ratzinger cuando habla de la «santidad no santa (*unheilige Heiligkeit*)» de la Iglesia. «Lo confieso: para mí la santidad no santa de la Iglesia tiene en sí algo infinitamente consolador. Pues ¿no nos desalentaríamos ante una santidad que fuera inmaculada y que actuara en nosotros sólo juzgando y quemando? ¿Y quién podría afirmar de sí mismo que no tiene necesidad de ser soportado, incluso de ser portado, por otro?»[5].

El hecho de que los cristianos han de ofrecer una figura eclesial permite que el pecado entre en la Iglesia y, de alguna forma, le pertenezca. La Iglesia es sin duda santa por su constitución teológica, pero también es pecadora por la acción de los cristianos que la forman y en ocasiones le dan una figura que contradice su identidad. No se trata únicamente de una cuestión personal de aquellos que pecan, sino que afecta al ser eclesial.

Aunque se discute cómo formularlo y si es mejor decir que la Iglesia es pecadora o evitar tal designación, hay un

5. J. Ratzinger, *Introducción al cristianismo*, 287 (traducción modificada). Refiriéndose a las parábolas del trigo y la cizaña y de la red que recoge peces buenos y malos, este mismo autor comenta: «La Iglesia siempre ha encontrado de nuevo en estas parábolas su realidad, defendiéndose también de la pretensión de una Iglesia sólo santa» (*Convocados en el camino de la fe*, 285).

acuerdo básico en la historia de la teología: se reconoce que el pecado de los miembros de la Iglesia afecta a lo que ella es, o, al menos, sin duda, a la fecundidad de su misión.

Frente a los movimientos sectarios que defendían un cristianismo de elegidos y puros, la Iglesia siempre ha defendido que los pecadores pertenecen a ella[6]. Así lo confirma la historia del sacramento de la penitencia, pues quienes pecan gravemente no dejan de formar parte de la Iglesia, sino que hacen un proceso de conversión dentro de su seno. Por otra parte, el sacramento de la penitencia incluye la reconciliación con la Iglesia, ya que nuestro pecado afecta al ser eclesial (LG 11). Si los cristianos somos pecadores, el pecado no es ajeno a la misma Iglesia.

Un signo claro de que la Iglesia sabe que puede ser infiel es que cada día se ora por ella. En la oración pública se pide por la Iglesia misma, porque necesita la fuerza de Dios y está llamada a ser fiel a su misión en cada momento histórico. Se sabe implicada con el pecado porque diariamente pide perdón a Dios. La súplica de perdón en las celebraciones litúrgicas, el rezo de algunos salmos, las preces y la petición de perdón en el Padrenuestro son ejemplos elocuentes.

En efecto, cuando la Iglesia pide perdón se sabe sujeto de pecado y necesitada de la misericordia de Dios. Así lo explica Balthasar: «En todas las grandes exhortaciones de Orígenes y de san Agustín aparece la intimísima comunidad de destino entre la Iglesia total y sus miembros santos o pecadores. Si se abstrae de todos sus miembros, la Iglesia no es ya Iglesia. La Iglesia tiene su destino en sus miembros, de igual manera que estos tienen el suyo propio en ella. Por ello los pecados de los hijos y de las hijas recaen sobre la Madre, y por ello esta debe orar e implorar la salvación propia en sus miembros»[7].

6. Cf. DH 229, 1203, 1205 y 1537; LG 14 y 40.
7. H. U. von Balthasar, «*Casta meretrix*», 320-321.

Hasta la Edad Media se consideraba una evidencia que la Iglesia es pecadora, puede ser infiel y en no pocos aspectos ha sido infiel[8]. En la Contrarreforma se insistió en una imagen de la Iglesia tan ideal y perfecta, casi «hipostasiada» ante sus miembros, que se hacía difícil entender que en ella hubiera pecado. Una visión más equilibrada hace ver que la Iglesia, siendo fundamentalmente santa, se realiza históricamente de forma limitada y aparece en ella el pecado. Aunque es evidente que la Iglesia no puede ser santa y pecadora de forma simétrica, pues la santidad pertenece a su ser; el pecado, sin embargo, que no debería estar, no es necesario, y hasta podría no darse.

Sea como fuere, la mayor evidencia teológica, reconocida por todos, es que la Iglesia es santa. Es verdad que una comprensión desmedida de la santidad de la Iglesia, como si tal santidad fuera algo abstracto e intocable, puede llevar a ocultar la culpa y el escándalo del pecado en ella, eludiendo también la posible conversión y reparación. Pero cuando se insiste demasiado en su condición pecadora, en sus errores y en la historia de miserias eclesiales, que con razón escandalizan, también se puede oscurecer su historia concreta de santidad; de hecho, la Iglesia ha generado vida, solidaridad, comunión. El don de Dios permanece siempre en la estructura objetiva de la Iglesia, mediante realidades eclesiales santas, que constantemente están activas: el don del Espíritu Santo, la Palabra de Dios, los sacramentos, la estructura apostólica. Y junto a los dones de Dios, están los santos que han vivido el don de Dios mediante la fe, la esperanza y el amor, sembrando la vida de Dios en el mundo a través de su existencia (LG 40)[9].

8. Cf. *ibid.*, 239-354.

9. «La Iglesia prototípica, para poder desempeñar la función sacramental, posee por sí misma no sólo la 'santidad objetiva' de las estructuras, sino ya la santidad subjetivo-personal de la fe, la caridad y la esperanza aportadas» (H. U. von Balthasar, *¿Quién es la Iglesia?*, 197).

Los santos son testimonio de la vitalidad y de la santidad de la Iglesia. Han realizado el ser eclesial y lo han dinamizado. Olvidarse de la historia de santidad que ha aportado la Iglesia de forma institucional y a través de tantos cristianos no sólo es injusto, sino que además oscurece la historia real de la Iglesia.

Parece claro que la santidad supone una vivencia existencial e histórica. Y como en la historia es posible el pecado y, además, por la evolución de los tiempos, algunas realizaciones han de actualizarse en cada tiempo, la Iglesia está llamada a renovarse constantemente. Ante el pecado ha de permanecer en actitud de conversión y de purificación; y porque hay formas que van envejeciendo, ha de rejuvenecerse y buscar una figura eclesial que en la actualidad sea fiel y se corresponda con su esencia, la cual se encuentra en la forma de Jesús.

3. La búsqueda de fidelidad

La vivencia existencial de la Iglesia hace que siempre haya de renovarse, volver al amor primero (Ap 2, 4-5)[10]. Una Iglesia que no se renueva ni evoluciona en su figura existencial, está enferma y en peligro de muerte. Y, al final, el problema no es que muera y desaparezca, sino que no es fiel a su misión y oscurece la luz de Jesús. La Iglesia ha de configurarse en la historia buscando ser fiel a su pertenencia al Señor y a la misión que él le ha confiado. Para ello, está llamada a renovarse, dejándose llevar por la fuerza del Espíritu de Jesús. En efecto, toda renovación eclesial «consiste esencialmente en un aumento de la fidelidad a su vocación» (UR 6).

10. Sobre la necesidad de renovación eclesial, cf. G. Tejerina, *La gracia y la comunión*, 24-42.

1. *La novedad del Espíritu*

El Espíritu de Jesús mueve interiormente a la Iglesia hacia su destino, que es ser fiel a su misión. Así, es llamada a entrar en una dinámica de renovación: «La Iglesia, que avanza en medio de tentaciones y tribulaciones, es confortada por la fuerza de la gracia de Dios prometida por el Señor, para que no se apartarte, en la debilidad de la carne, de la perfecta fidelidad, sino que se mantenga como digna esposa de su Señor y, bajo la acción del Espíritu Santo, no cese de renovarse a sí misma, hasta que por la cruz llegue a la luz que no conoce el ocaso» (LG 9).

El Espíritu Santo es el agente principal de esta renovación constante. Las estructuras eclesiales y las personas son vivificadas por este Espíritu, que las alienta y capacita para que se desarrollen y fructifiquen. La Iglesia vive de lo que humanamente es y de la fuerza que impregna en ella el Espíritu del Señor. Su acción tiene lugar en la historia y acompaña la conformación de la figura histórica de la Iglesia, haciendo nuevo el Evangelio en cada tiempo. Si el Espíritu es don y comunión, amor entre el Padre y el Hijo, su acción en la Iglesia crea comunión y dinamiza el amor[11]. Toda la vida eclesial está marcada por el impulso del Espíritu, de modo que las acciones de la Iglesia han de estar motivadas por el amor y han de buscar la vivencia de la comunión entre los discípulos de Jesús.

El Espíritu es activo y pone a la Iglesia en acción. Este dinamismo conduce al crecimiento espiritual y evangelizador, haciendo que la Iglesia siempre esté vigilante ante sus signos y dispuesta a crecer en su comunión con Jesús. Por eso, el Espíritu mantiene un dinamismo de renovación. El que hace ser todas las cosas y toca el mundo para dar vida lleva a la Iglesia hacia la permanente novedad del

11. Cf. W. Kasper, *La Iglesia de Jesucristo*, 72-74.

Evangelio, pues le da forma viva en todos los tiempos. La disponibilidad ante el impulso del Espíritu pide a la Iglesia estar siempre en actitud de conversión para ser fiel a Jesús y a su Evangelio.

2. La actitud de conversión

La necesidad de renovación pide que la Iglesia sea humilde y sea consciente de estar llamada a una continua conversión. Así se consignó en el Concilio Vaticano II: «Mientras que ciertamente Cristo es santo, inocente, sin mancha (Heb 7, 26) y no conoció el pecado (2 Cor 5, 21), sino que vino a expiar únicamente los delitos del pueblo (Heb 2, 17), la Iglesia, integrando en su seno a pecadores, es santa y a la vez siempre ha de purificarse, y busca continuamente la penitencia y la renovación» (LG 8)[12].

En los documentos del Concilio Vaticano II aparece que la Iglesia está llamada a mantenerse en un proceso de purificación, a reconocer los pecados de sus miembros y a renovarse constantemente[13]. La vida eclesial se debilita por las infidelidades de los cristianos, especialmente de aquellos que tienen misiones significativas; estas infidelidades deterioran las instituciones, hasta el punto de no ayudarlas a vivir en el Evangelio y de conducirlas por caminos equivocados en la configuración histórica. Esta falta de fecundidad pastoral urge a la Iglesia en su renovación permanente.

Se comprende bien, según esta lógica, que las decisiones que se toman en la Iglesia no siempre son acertadas. Ahora bien, ello no supone que deje de ser infalible, pues la Iglesia se encuentra asistida y acompañada por el Espí-

12. Comentando este texto, Joseph Ratzinger explica que siendo la Iglesia santa, «para ser santa, necesita purificarse; camina por la senda continua de la penitencia, que es su senda, y así encuentra la renovación siempre necesaria» (*Convocados en el camino de la fe*, 285).

13. Cf. K. Rahner, *Iglesia pecadora*, 287-308; J. Enxing, *Culpa y pecado de [en] la Iglesia*, 115-224.

ritu Santo, pero tampoco que sea infalible absolutamente, sino sólo en determinadas cuestiones relacionadas con la fe y con la moral, y en el ejercicio específico de la autoridad apostólica, es decir, cuando sigue unas determinadas formas canónicas de comunión. Esta infalibilidad en la enseñanza tiene un órgano de expresión en el Papa en un sentido muy preciso y con muchos matices[14]. La verdad de esa infalibilidad magisterial supone la comunión con la Tradición eclesial, la sintonía con la comunión de todos los fieles y la interpretación que de ella se haga en la recepción eclesial. Porque la enseñanza infalible de la Iglesia tiene una formulación concreta, pero hay que entenderla también en su recepción.

Ahora bien, en su vida ordinaria la Iglesia es falible y puede darse una figura no del todo conforme con el Evangelio. En los actos de gobierno, en las decisiones pastorales y en las formas históricas de organización la Iglesia puede equivocarse. Los miembros de la Iglesia son falibles en su vida, puesto que pueden pecar, y de hecho a veces pecan; quienes toman decisiones en la Iglesia son falibles, porque se pueden equivocar, y en efecto a veces se equivocan. Si los ministros ordenados, u otros que ejerzan autoridad, actúan como si fueran infalibles, e incluso como si conocieran la voluntad de Dios con certeza, deforman su ministerio y abusan de su autoridad al imponer sus ideas y decisiones de modo desproporcionado y humillante, ya que la autoridad espiritual afecta a las conciencias.

14. «El Romano Pontífice, cuando habla *ex cathedra*, esto es, cuando cumpliendo su cargo de pastor y doctor de todos los cristianos, define, por su suprema autoridad apostólica, que una doctrina sobre fe y costumbres debe ser sostenida por la Iglesia universal, por la asistencia divina que le fue prometida en el bienaventurado Pedro, goza de aquella infalibilidad de que el Redentor divino quiso que estuviera provista su Iglesia en la definición de la doctrina sobre la fe y las costumbres» (Concilio Vaticano I, *Pastor aeternus* 4, en DH 3074; cf. S. Madrigal, *La Iglesia, «signo alzado entre las naciones»*, 329-333).

El ejercicio de la autoridad apostólica requiere humildad, sobriedad y diálogo constante para discernir, pues uno no es conocedor directo de la verdad y puede equivocarse.

Dada esta posibilidad de error, y puesto que a pesar de ella es preciso tomar decisiones desde la propia libertad, la actitud de conversión y de renovación han de formar parte ineludible de la vida eclesial. Surge entonces la pregunta concreta por el qué hemos de hacer para ser fieles a Jesús hoy, pregunta que es la base de la conversión pastoral a la que la Iglesia nos urge en el momento presente.

3. *La conversión pastoral*

No es posible entender la conversión pastoral como un aspecto entre otros de la conversión, puesto que afecta a toda la vida y la acción de la Iglesia[15]. En este sentido, su existencia, su actividad, su organización y sus estructuras se convierten en objeto de un discernimiento pastoral. Los cristianos, las comunidades, el mismo ser eclesial han de iluminarse desde el Evangelio, que pide ser vivido de forma actual. Al final, el objetivo es que la Iglesia se parezca a Jesús en todo, actúe con su estilo y lo transparente, porque él es su fundamento, su fuente de vida y su criterio de renovación[16].

Al final, la pregunta para el discernimiento es sencilla, porque lo esencial de la Iglesia es su relación concreta y viva con Jesús: ¿Qué tiene que ver lo que se hace en la Iglesia con Jesús? Si las actividades, las instituciones, las

15. Según el papa Francisco, hoy se abre ante la Iglesia «el camino de una conversión pastoral y misionera» (*Evangelii gaudium*, 25), e invita a ponerse en estado de misión, desde el que discernir toda la vida de la Iglesia desde su misión propia. «La pastoral en clave de misión pretende abandonar el cómodo criterio pastoral del 'siempre se ha hecho así'. Invito a todos a ser audaces y creativos en esta tarea de repensar los objetivos, las estructuras, el estilo y los métodos evangelizadores de las propias comunidades» (*ibid.*, 33).

16. Cf. T. Söding, *Jesus und die Kirche*, 243-289.

palabras, los documentos, los signos, etc., ayudan a hacer presente a Jesús y a que los hombres puedan acercarse a él, responden a su sentido. Pero si cuesta ver su conexión con Jesús o contradicen su misterio y su estilo de vida, han de purificarse, cambiarse o abandonarse.

4. Criterios para la renovación eclesial

Cuando pretendemos concretar qué hacer en la Iglesia hoy y cómo hacer un discernimiento evangélico que ayude a la renovación eclesial, necesitamos algunos criterios que nos guíen. Tales criterios se descubren en lo que es la misma Iglesia. De fuera de ella se pueden recibir ayudas, llamadas críticas o confirmaciones, pero la verdadera renovación eclesial sigue los criterios que nacen de su identidad teológica. El centro siempre ha de estar en la fidelidad a Jesús y su misión, nunca en motivaciones de carácter sociológico o político.

Ahora bien, con las solas fuerzas humanas, la Iglesia no puede vivir ni renovarse. El Espíritu Santo nos capacita para colaborar y nos pone ante la responsabilidad de nuestra acción, pues guía, alienta e impulsa, sin imponerse y sin actuar en lugar nuestro. La referencia a la imprescindible acción de Dios no ha de esconder una forma de desentenderse de aquello que es responsabilidad nuestra. Tampoco se puede entender como algo que podamos manejar. A menudo ronda en la Iglesia la tentación de controlar la acción de Dios o de manipularla. Si el Espíritu actúa en la Iglesia, esto siempre la abre a lo sorprendente e indomesticable, que desborda las expectativas humanas. Supone la pobreza de estar en sus manos y el riesgo de lo excesivo, de lo que nos exige vivir de otra manera.

Para este camino de renovación, siguen siendo fundamentales las cuatro condiciones que Yves Congar ha señalado para una reforma en la Iglesia: la primacía de la caridad, la comunión del todo, la paciencia y el principio de la tradición[17]. Siguiendo su estela, se presentan a continuación algunos criterios para la renovación de la Iglesia.

1. *Arraigo en lo esencial*

El objetivo de toda renovación eclesial consiste en arraigarse en la fe y dejar que la forma de Jesús impregne y configure la vida de la Iglesia y la existencia de cada cristiano. La renovación remite a la raíz vital de la Iglesia, que se manifiesta en la buena salud de la fe, la existencia concreta y la belleza que la constituyen. Con el paso del tiempo algunas realidades eclesiales quedan trasnochadas o se deforman por los elementos ocasionales que se van adhiriendo imperceptiblemente, pero que terminan por ajar, esclerotizar y hasta paralizar la vida eclesial. La renovación consiste en dejar salir lo esencial y mostrar una figura auténtica, bella y actualmente relevante. En este sentido, Joseph Ratzinger señala que «la reforma es siempre una *ablatio*: un quitar, para que se haga visible la *nobilis forma*, el rostro de la Esposa, y junto con él también el del Esposo, el Señor vivo»[18]. La Iglesia no busca un ideal propio o imponerse eficazmente en el mundo; su objetivo es transparentar el misterio de Jesús, para que todos los hombres puedan conocerlo y unirse a él. Por tanto, la renovación eclesial no tiene como objetivo lograr el funcionamiento correcto de las estructuras o su mera eficacia, sino revelar la identidad que le viene de Jesús.

Para una auténtica renovación, se ha de buscar lo esencial. Este criterio implica concentrarse en donde la Iglesia responde a su naturaleza. Hay muchas cosas que despistan de lo esencial, porque llevan tiempo y preocupación. Si la Iglesia quiere renovarse, ha de purificar su mirada para

17. Y. Congar, *La reforma en la Iglesia*, 33-131.
18. J. Ratzinger, *Ser cristiano en la era neopagana*, 19.

ser capaz de discernir lo esencial y para orientarse hacia lo que de verdad importa, porque es irrenunciable y hace crecer. Frente a la extendida tentación del activismo, ayudará dejar de hacer algunas cosas y gastar esas energías en dedicarse a lo fundamental, de modo que pueda percibirse claramente que eso es lo central y a lo que la Iglesia da importancia. Cuando se hacen muchas cosas, suele aparecer la dispersión y embotarse la lucidez para distinguir lo importante. En algunos casos, la renovación pide reducir las acciones superfluas.

Se ha convertido en un lugar común la exhortación a volver a las fuentes, porque en la Tradición se encuentra aquello que permanece, es esencial y hace vivir[19]. A menudo no se trata de innovar, sino de renovar. En lo esencial, la Iglesia no ha de inventar nada nuevo, sino dirigirse hacia donde se halla la verdad y la vida. Lo esencial se descubre acogiendo la bella sencillez de la verdad y de la Tradición. Y precisamente allí es donde se encuentra el sentido y la orientación para vivir hoy el Evangelio y realizar una auténtica renovación. Henri de Lubac lo indica con un deseo entusiasmado: «¡Ojalá comprenda para siempre que sólo mi apego a la Tradición, que no es un peso sino una fuerza, es lo que dará origen a mis atrevimientos más fecundos!»[20].

2. *Conversión personal y estructural*

El criterio de buscar lo fundamental, de centrar la vida en Cristo, afecta a cada persona. En la renovación de la Iglesia todos los cristianos son corresponsables. Henri de Lubac insiste en esta dimensión personal: «La abertura que se me pide estará en función de mi arraigo en lo esencial. La renovación que he de promover estará en fun-

19. Cf. Y. Congar, *La reforma en la Iglesia*, 117-131.
20. H. de Lubac, *Paradoja y misterio de la Iglesia*, 32.

ción de mi fidelidad»[21]. En efecto, ninguna reforma podrá llegar a buen puerto si no se hace desde la experiencia y el compromiso de cada persona. La conversión personal es objetivo y condición de toda reforma eclesial. Si sólo cambian las formas, las enseñanzas, las estructuras y los ordenamientos, la reforma quedará vacía; al final, todo seguirá igual, aunque sea con otras formas. Una verdadera renovación eclesial pasa por la conversión de cada bautizado, por su acercamiento a Jesús, por la identificación con su Evangelio, por su compromiso con la comunidad eclesial. Sin esto, la reforma de la Iglesia nace muerta. En este sentido, cuando las reformas institucionales no brotan de un determinado contexto de renovación interior, suelen producirse únicamente «reformas tecnocráticas, nocivas hasta en su mismo éxito aparente, a causa del espíritu que contribuyen a difundir»[22].

Ahora bien, el hombre es un ser social y tiene una dimensión institucional y jurídica; es decir, lo humano se ejercita corporalmente, mediante palabras, ritos, acciones e instituciones. Por eso, toda renovación tiene consecuencias sociales. Para vivir de forma actual el Evangelio y para purificar la vida eclesial, se necesitan expresiones sociales y cambios estructurales. Sin ellos la conversión personal termina reduciéndose a algo privado o a meros sentimientos y actitudes; y así la vida personal se trunca, porque necesita expresión comunitaria. Si sólo cambian las personas y no las estructuras, entonces tampoco se alcanza una auténtica vitalidad.

La renovación eclesial pide revisar las formas de vivir la comunidad y realizar cambios en las estructuras. Evidentemente hay estructuras eclesiales que son constitutivas y siempre permanecen, aunque su vivencia concreta

21. *Ibid.*, 31.
22. Id., *La Iglesia en la crisis actual*, 242.

pueda variar y deban adaptarse a cada tiempo para ser actuales; hay, sin embargo, formas históricas que surgen en un momento y ayudan, pero luego dejan paso a otras. Una constante en toda reforma es, pues, el discernimiento de las estructuras de la Iglesia, a fin de ver cuáles ayudan y hay que mantener y cuáles se deben abandonar y deben ser sustituidas por otras más adecuadas que expresen el Evangelio.

La conversión personal y la reforma de estructuras van de la mano y se alimentan entre sí. La conversión personal aporta motivación y contenido; los cambios de estructuras concretan esa conversión y la vivencia comunitaria del ser eclesial. Las estructuras han de ayudar a vivir la fe y la comunión, mientras la conversión de cada uno da sentido al ser eclesial y enriquece la vida comunitaria. La renovación de estructuras no puede ser algo sólo institucional o sociológico, porque la Iglesia tiene como institución su propia lógica; su condición carismática y teológica tiñe todo lo institucional. En efecto, a través de lo social y jurídico se ha de transmitir el Evangelio, pero lo estructural no puede cambiar por sí mismo lo espiritual. Por otra parte, la conversión personal no es capaz de renovar por sí misma automáticamente las estructuras. Se necesita, en definitiva, que ambos aspectos interaccionen entre sí.

Esta integración de lo personal y de lo estructural apunta hacia una visión global[23]. La renovación de la Iglesia no puede reducirse a aspectos particulares; está orientada hacia el todo de la comunidad eclesial, lo cual precisa un movimiento comunitario. Además, cuando se pretende reformar la vida eclesial, hay que tener en cuenta todas las dimensiones de esa vida. Sólo se puede hacer desde la raíz

23. «Sólo en el cuerpo total se halla la verdad total. Pero también en la comunión del cuerpo total cada cual tiene una verdad muy superior a la que puede comprender o formular personalmente» (Y. Congar, *La reforma en la Iglesia*, 51).

que afecta al todo, desde el manantial que corre hacia la estructura entera. Por eso, la renovación tiene que ver con todo el ser eclesial. En ocasiones se ha querido cambiar algo muy concreto, sin percatarse de que no es posible hacerlo sin tener en cuenta los demás aspectos que integran la vida eclesial. Si sólo se actúa para cambiar un aspecto, sin tener en cuenta que la vida eclesial es un todo, tales cambios no tienen fruto. La renovación eclesial pide una acción global y un cambio de conjunto. Aunque no sea posible hacerlo todo a la vez, sí hay que saber que todo en la Iglesia quedará afectado. Esto apunta al criterio fundamental de la comunión.

3. *Cuidado de la comunión*

Toda renovación eclesial tiene como fruto el crecimiento en la comunión y se realiza mediante acciones comunitarias. Ninguna reforma puede dar fruto si no cuida la comunión eclesial, que es vivencia del amor entre los hermanos; de hecho, desde la experiencia del amor es como se renueva la Iglesia. La forma de renovarse está en dejarse llevar por el Espíritu Santo, que derrama su amor en los creyentes (Rom 5, 5) e impulsa por medio de él la vida eclesial. Fruto de este amor es la vivencia auténtica de la fraternidad. Sin el amor fraterno resulta imposible la comunión en la Iglesia. Al final, el amor es camino y fin de toda renovación.

El amor no se ejercita en abstracto, sino a través de acciones concretas –en la esfera del compartir, escuchar, dialogar, convivir y ayudar– que buscan el bien. Todo ello requiere una mirada de simpatía y de solidaridad con los demás, especialmente cuando piensan distinto o proponen iniciativas que no se comparten. También supone una actitud de acogida y el reconocimiento de que todos formamos parte de la Iglesia. El que quiere renovar la vida eclesial normalmente tiene ideales que no son realizados por la mayoría, y por eso insiste en la urgencia de reformas. Esos ideales y la ilusión con la que se proponen ayudan a todos, aunque corren el peligro de radicalizar el Evangelio y considerar verdaderos cristianos sólo a quienes se esfuerzan en alcanzarlos. Los movimientos de reforma esconden un puritanismo que degrada a quienes no viven con radicalidad. Es la tentación de considerar que la Iglesia sólo es de «puros», pensando que quienes son mediocres o pecadores realmente no forman parte de la auténtica Iglesia. Ya Rahner advertía contra esta tentación al hablar de la Iglesia concreta: «Quizá tengamos una espléndida coartada: nada tenemos que ver con 'esa' Iglesia. Estaremos tal vez más cerca de nuestros ideales, pero no estaremos más cerca de Dios. En contra de la Iglesia concreta no se puede apelar a otro ideal, puesto que sólo hay uno, ese que se ha unificado eternamente con ella y que en ella vive eternamente y del cual nos apeamos al separarnos, a favor de un ideal autofabricado, de su unidad, de su amor, de su fe y de su obediencia»[24].

Para renovar la vida eclesial hay que vencer la tentación de buscar una Iglesia ideal, que no existe y seguramente no existirá. Eso nos hace perder el sentido de la realidad y tiende a crear divisiones. Para referirse al realismo, Congar denunciaba en algunos reformadores «una cierta carencia de sentido de la Iglesia concreta y, más precisamente, de sentido apostólico y pastoral»[25].

El criterio de la comunión se ejercita integrando a todos, tanto a aquellos que viven con radicalidad como a los más normales; tanto a los héroes como a los mediocres; tanto a los santos como a los pecadores. Además, nadie es tan puro como para no pecar y vivir con perfección el

24. K. Rahner, *Iglesia de los pecadores*, 282-283.
25. Y. Congar, *La reforma en la Iglesia*, 38.

ideal que propone. Hay que aspirar a la perfección y a la fidelidad total, pero sin romper la comunión. Una exigencia desmedida de autenticidad puede debilitar el sentido comunitario.

Para cuidar la comunión, todos debemos aportar algo; cada uno puede hacer algo y enriquecer a todos. En este sentido, el principio de subsidiaridad pone de relieve la exigencia que tiene la Iglesia de favorecer la participación de todos en aquello que cada uno pueda aportar de forma directa e inmediata[26]. No se trata de que todo quede dicho y hecho en instancias generales. En cada comunidad, según sus posibilidades, se ha de discernir cómo hacer algo que lleve a vivir lo esencial de la fe y a cuidar la comunión con Jesús y con la Iglesia. Para ello es decisivo el diálogo, y este es posible precisamente en las relaciones cercanas propias de instancias menores y de comunidades. Ahí se debe dialogar constantemente, escuchando a todos y compartiendo las propias ideas o propuestas. El diálogo es una forma de integrar a todos y genera un estilo que ha de impregnar las distintas instancias eclesiales, las más cercanas y las más generales o institucionales.

Este criterio busca la integración de la mayoría y una posible unanimidad; con todo, si no la hubiera, no se rompe la comunión. Hay personas que legítimamente pueden disentir de algunas opciones o de algunas acciones, y eso no hace que se rompa la comunión. Los que no están de acuerdo con algunos caminos no deben parar la marcha que ve la mayoría. Sea como fuere, conviene recordar que vivir la comunión supone también el respeto a quienes

26. Al referirse a la enseñanza social de su predecesor, Pío XII recuerda que «toda actividad social es por naturaleza subsidiaria; debe servir de sostén a los miembros del cuerpo social, y no destruirlos y absorberlos. Palabras en verdad luminosas, aplicables a la vida social en todos sus grados y también a la vida de la Iglesia, sin perjuicio de su estructura jerárquica» (*La elevatezza*, 9; cf. W. Kasper, *La Iglesia de Jesucristo*, 445-465).

no están de acuerdo con algunas cosas y la aceptación de una cierta distancia. No se puede pedir a alguien que no comparte algunas orientaciones prácticas que se implique totalmente en ellas. Que alguien tenga una actitud más pasiva ante acciones que no comparte no significa falta de comunión. Incluso su actitud crítica puede ayudar a discernir mejor a quienes sí ven con claridad aquello que se hace. La comunión concreta ha de integrar la diversidad, e incluso la distancia de algunos, ya que una unanimidad deseable puede convertirse en una uniformidad impuesta, y el uniformismo ahoga la vida. Poder pensar de otra manera y hacer propuestas alternativas, sean acertadas o no, es indicio de vitalidad.

4. *Sencillez en las formas y confianza*

Tanto para arraigarse en lo fundamental como para vivir la comunión mediante el diálogo, es importante cuidar la sencillez en las formas. Toda reforma eclesial ha de simplificar las cosas. Si se programan muchas acciones, se establecen infinidad de protocolos y la vida eclesial se llena de formularios, procedimientos, organismos, etc., las relaciones se complican. Toda reforma exige sencillez y sobriedad.

En la Iglesia siempre ayuda hacer más simples y normales nuestras relaciones y comunicaciones. Hablar con un lenguaje claro y comprensible y formular propuestas directas que no requieran excesivas aclaraciones, facilita la comunión. Hay palabras muy bellas que corren el peligro de no significar nada (comunión, misión, participación, misericordia...) y otras no tan bellas que se han convertido en eslóganes que no se sabe bien qué quieren decir (sinodalidad, ecumenismo, transparencia...). La sencillez deja ver lo esencial, favorece lo realmente importante y ayuda a concretar.

Ejercitar la sencillez contribuye a que la Iglesia crezca en vitalidad, las palabras recuperen su sentido y las acciones su eficacia. Frente a la burocratización que afecta a la sociedad y a la Iglesia, conviene insistir en la sencillez, lo cual afecta a las normas, a la forma de organizarse y al funcionamiento ordinario. Las normas han de ser las justas, deben buscar la claridad y tienen que ser fácilmente realizables.

Es importante precisar que el criterio de sencillez no anula la importancia de lo jurídico y de las regulaciones que sean precisas. La regulación jurídica de algunos aspectos garantiza la verdad de lo que se hace y la justicia en relación con todas las personas, pues lo jurídico permite tratar a todos justamente y tiene el sentido de garantizar los derechos de las personas. Ciertamente, ha de haber concreción normativa en la vida de la Iglesia; ello no quita para que se deroguen las que han perdido su sentido, no sean claras o no se cumplan ni se vayan a hacer cumplir.

Sería muy oportuno eliminar la burocracia innecesaria y no crear nuevos modos burocráticos que distorsionen las relaciones de confianza. En todas las instancias eclesiales la corresponsabilidad no es aplicable si no hay un margen suficientemente amplio de confianza en los agentes y colaboradores. Conviene cuidar la confianza, máxime cuando la sociedad en la que vivimos está favoreciendo la burocratización, como indicamos al inicio. Evidentemente, la confianza nunca es ciega, sino que se fragua en encuentros, diálogos, actividades en común.

Algunas personas, por desgracia, defraudan gravemente la confianza que se les ha dado. ¿Cómo se deben afrontar estas situaciones? La Iglesia tiene el camino de la corrección fraterna, de la penitencia y de la reconciliación. En casos muy graves, la promoción de la confianza lleva unida la firmeza contra comportamientos moralmente perversos, deshonestos o delictivos. Dicha firmeza permitirá que en lo normal de la vida sea posible una auténtica confianza. Frente al exceso de regulaciones para intentar controlar la moralidad, el camino debe ser el contrario: promover una primera confianza en todos, potenciando su capacidad para la acción, pero siendo implacables contra el mal. Afrontar con claridad y firmeza las perversiones pondrá de manifiesto que no se trata de una confianza ingenua, sino que se sabe responder al mal, protegiendo a las personas y asegurando la justicia.

Por otra parte, las formas de afrontar el mal en la Iglesia en ningún caso pueden seguir el criterio de cuidar la imagen institucional, lo cual no quiere decir dar publicidad a lo malo; al contrario, hay que afrontar los casos buscando el bien, la verdad y la justicia, y nunca asegurar una imagen falsa de la Iglesia. La imagen de la Iglesia se cuida con la verdad.

Esto es compatible con el acompañamiento misericordioso a quienes han cometido delitos o pecados. La Iglesia de Jesús no abandona a los pecadores; los cuida y acompaña, desde la verdad, con bondad y compromiso, invitando a la conversión desde la humildad, incluso aunque para otros pudiera ser difícil de entender. Por ejemplo, ser implacables ante alguien que ha hecho daño a otros puede suponer apartarlo de responsabilidades eclesiales, no temporalmente sino para siempre, aunque la Iglesia siempre cuide, también económicamente, de dicha persona.

En definitiva, tanto la sencillez como la confianza llevan a no querer controlarlo todo. Una de las tentaciones propias de la renovación es el afán de tenerlo todo bajo control. La reforma eclesial no puede consistir en que todo tenga una estructura definida y permanente. El camino no es la institucionalización y la burocratización de todo lo que se haga, lo cual puede esconder una pretensión desmedida de control. Las estructuras han de ser sencillas y flexibles para su adaptación.

5. *Coraje*

La renovación supone ser valientes para avanzar. Pasar de las ideas a la acción requiere coraje, porque uno sale de sí mismo y se arriesga. No se trata de ir hacia adelante sin saber adónde, ni cómo ni con quién. La renovación necesita reflexión, discernimiento, preparación, mucho diálogo. Pero llega un momento en el que hace falta el coraje para dar pasos[27]. Cuando la Iglesia quiere dejarse guiar por el Espíritu Santo y seguir sus impulsos, no cabe la precipitación, porque hay que discernir bien sus llamadas, pero tampoco se ha de temer a lo nuevo ni a los posibles cambios.

En los cambios nunca existe la seguridad total. La confianza nos la aporta el ir juntos: haberlo pensado entre todos y buscar lo mejor. El coraje no es temeridad; se avanza con un objetivo claro y con un contenido determinado, sabiendo que es posible la fecundidad. Cambiar simplemente por cambiar no lleva a nada y puede confundir, desanimar y debilitar la comunión[28].

Hay que tener en cuenta que no todos tienen el mismo coraje ni la misma fuerza. En todo camino eclesial se necesitan personas que vayan delante, que animen y apoyen. Los «líderes carismáticos» aportan intuiciones que orientan y ofrecen confianza para caminar juntos. Ellos, ciertamente, ni hacen todo ni deben hacerlo todo. A veces son obispos o presbíteros que pastorean; otras son laicos que inician movimientos; en determinadas ocasiones se trata de miembros de comunidades que tienen el don de animar a los demás, también a sus pastores. El coraje se vive en la comunión, y algunos lo comparten con otros y lo aportan al camino común.

27. Como dice José Jiménez Lozano, «necesitamos la sabiduría de la paciencia y del tacto, pero también la gracia del coraje» (*Cartas de un cristiano impaciente*, 146).
28. Walter Kasper advierte que «huir irreflexivamente hacia delante sirve aquí tan poco como quedarnos sentados, llenos de amargura, al borde del camino» (*La Iglesia de Jesucristo*, 488).

Aquel que tiene coraje también ha de ser humilde para reconocer errores, intentarlo de otra manera o desistir en algo que se constata imposible. Sin duda, siempre que se pueda, hay que contar con los que tienen miedo y reconocer los tiempos para actuar sin imposiciones. En la Iglesia hay que encontrar un ritmo común a todos, que no sea ni apresurado ni perezoso. Pero, al final, normalmente hace falta que, una vez reflexionado, discernido y esperado, alguien tenga el coraje de actuar con decisión, porque no se puede esperar indefinidamente[29].

6. *Paciencia*

Es recomendable caminar sin pararse ni paralizarse, pero sin permitir que la prisa marque el ritmo. Una verdadera reforma, para que «tenga éxito *en la Iglesia*, es preciso que vaya acompañada de paciencia. Por paciencia entendemos, antes que una cuestión de cronología y una actitud contemporizadora, cierta disposición del alma y de la mente, sabedora de las dilaciones necesarias; cierta humildad y flexibilidad del espíritu; la conciencia de la imperfección y hasta de las inevitables y fatales impurezas»[30].

Hay cosas que han de madurar y necesitan su tiempo. Algunos cambios han de prepararse, fundamentarse, alentarse; mas también debe esperarse, para que en su momento oportuno lleguen como consecuencia de todo ese trabajo previo, con frecuencia discreto. Además, es ineludible contar con la imperfección. Pensar en una Iglesia totalmente renovada, sin deficiencias y sin heridas, sin debilidades ni miserias, parece una quimera. Aspiramos a la perfección,

29. Sin duda es importante «tomar en consideración la fe de los débiles (Rom 14; 1 Cor 8–9), pero no se puede llegar en la Iglesia a una tiranía de los miedosos y los pusilánimes. El ritmo no tienen que marcarlo los perezosos, que sólo están interesados en el *status quo* y confunden su comodidad y falta de imaginación con la fidelidad a la tradición» (*ibid.*, 473).

30. Y. Congar, *La reforma en la Iglesia*, 90.

pero la virtud de la paciencia nos enseña a no desanimarnos cuando no se consigue y a contar con todos.

Las actitudes de la paciencia y de la serenidad desenmascaran posibles tentaciones de puritanismo e incluso de integrismo. Nadie sabe con total certeza lo que hay que hacer y no es pensable una reforma católica que sea excluyente. Si se pretende que todo sea perfecto y que todos sean como uno considera que se debe ser, no queda lejos el fantasma del sectarismo, el cual excluye a los impuros y carece de la flexibilidad para abrirse a todos. Saber esperar con paciencia lleva a no escandalizarse ante las debilidades y a trabajar por mejorar en lo cotidiano, con realismo y grandeza de ánimo.

Para iluminar cómo afrontar la impureza y el mal, Jesús utilizó la parábola del trigo y de la cizaña (Mt 13, 24-30). En la Iglesia hay bondad y fidelidad, al mismo tiempo que miserias e infidelidades. Se debe luchar contra el mal y cambiar lo que no ayuda a vivir el Evangelio, siempre con el cuidado y la delicadeza de no eliminar nada de lo bueno. En consecuencia, no hay que precipitarse, sino construir y crecer con serenidad. Además, en la parábola se llama a no adelantar el juicio (v. 29, también 40-43). El que es paciente no juzga antes de tiempo y sabe aguantar hasta el momento oportuno (1 Cor 4, 5). En realidad, tiende a no juzgar, porque sólo Dios conoce de verdad y es juez. En la Carta segunda de Pedro se exhorta a considerar que «la paciencia de nuestro Señor es salvación» (2 Pe 3, 15). Como Dios es paciente, en la Iglesia se ha de ejercitar la paciencia, pues es camino para toda auténtica purificación y renovación.

Al final, se trata de esperar a todos, o a los más que sea posible. La paciencia es un ejercicio de comunión. Algunos son más valientes o ven las cosas más claras y saben cómo hacerlas; otros tienen miedo, tardan en aceptarlo o en ver cómo hacerlo. Hay que saber esperar, soportar la soledad o la incomprensión, proponer serenamente, motivar y animar. La paciencia es necesaria para respetar el ritmo de todos. Y es que, en alguna medida, todos han de colaborar para caminar juntos[31].

Pero no consiste sólo en esperar; la paciencia implica profundizar en la vida evangélica, discernir serenamente, buscar la fidelidad. Si uno no quiere quedarse en la superficie o en la apariencia, ha de saber esperar para ir al fondo. Para ello, «habrá que evitar que creamos que podemos hacer una renovación con gestos y actitudes, con fuegos artificiales de palabras atrevidas. Habrá que atarse al estudio y al trabajo, al diálogo y a la espera, a la serenidad y a la mesura, al realismo y a las bien cimentadas convicciones»[32].

7. *Pobreza*

Es evidente que la renovación de la Iglesia no puede hacerla sin más la Iglesia por sus fuerzas, sino que le viene como un don. Si se ilusiona con el Evangelio de Jesús y se deja llevar por el Espíritu Santo se renovará. Como todo don, ha de acogerlo y vivirlo, por lo que está implicada en la acción y ha de querer renovarse. Lo hace desde la pobreza de saber que sus fuerzas son pocas y necesita el don de Dios. Por eso, no teme la debilidad ni la pobreza, ya que es suficiente el poder de Dios, que hace crecer su Reino (Mc 4, 26-29)[33]. Es lo que Pablo experimenta cuando se reconoce débil: «Te basta mi gracia, pues la fuerza se realiza en la debilidad. Por eso, de buena gana me gloriaré

31. «Se puede pedir a los reformadores que no sean demasiado impacientes, pidiendo a la vez a los guardianes de la Tradición que, por su parte, no sean demasiado pacientes» (*ibid.*, 115).

32. J. Jiménez Lozano, *Cartas de un cristiano impaciente*, 268.

33. Comentando la parábola de la semilla de mostaza, Thomas Söding señala: «Lo que Jesús lee en el libro de la naturaleza lo convierte en imagen de la *basileia*: ella se realiza no con timbales y trompetas, ni con espectaculares acciones de fuerza, sino que viene exactamente igual que Jesús: por el camino de la pobreza y del amor, de la paz y de la justicia, de la pasión y de la resurrección» (*Jesus und die Kirche*, 247).

más en mis debilidades, para que habite en mí la fuerza de Cristo» (2 Cor 12, 9).

La tentación que se le presenta a la Iglesia cuando dispone de muchas fuerzas humanas –personas, medios sociales, económicos, culturales– es pensar que la institución puede cambiar y ser eficaz gracias a esos medios. Sin embargo, la verdadera renovación y la auténtica fecundidad de su misión vienen por la acción del Espíritu Santo, por su comunión con Jesús y por la bella sencillez del amor. Y esto implica una gran pobreza, porque el amor supone riesgo y debilidad, sencillez y comedimiento. Parece que la organización y la acción política son más potentes y eficaces; pero lo que renueva la vida eclesial es el amor de Dios vivido en la fraternidad de los cristianos. La fuerza está en Dios, en el amor entre los hermanos, en acciones que a veces no se ven o no se consideran importantes. Es también la pobreza de una profunda renovación que otros no valoran o no ven, que no triunfa en el ámbito mediático y, sin embargo, es auténtica y hace crecer a la Iglesia en fidelidad, belleza y fecundidad.

Para vivir esta pobreza evangélica, en ocasiones habrá que renunciar a medios poderosos. La tentación de centrarse en lo poderoso puede conducir a realizar cambios ineficaces, que favorecen más la infidelidad que la renovación. La riqueza y la fuerza de la Iglesia están en Jesús, que es su fuente de vida, y en el Espíritu Santo, que alienta la actividad eclesial. Seguir la senda de la pobreza permite reconocer la fuerza espiritual y hace posible dejarse conducir por ella. La renovación no se hace principalmente por medios humanos, económicos o culturales, sino a través de relaciones personales en las que se vive el amor fraterno.

3
ÁMBITOS DE RENOVACIÓN

Los criterios para la renovación eclesial han de aplicarse en ámbitos concretos y con acciones determinadas. La renovación eclesial puede comenzar por una dimensión o por un aspecto concreto, pero toda la vida de la Iglesia ha de crecer en la misma dirección. La vida de la Iglesia queda afectada por el dinamismo de maduración y de crecimiento y, en consecuencia, cuando se quiere cuidar un punto, hay que potenciar, al mismo tiempo, otras dimensiones. Baste señalar, a modo de ejemplo, que no es posible una renovación en la vivencia de los sacramentos si no va acompañada del cuidado de la vida espiritual, del sentido de comunidad, del compromiso social y de la profundización en el conocimiento de la Palabra de Dios. En algunos momentos se ha querido cuidar la pastoral de uno de los sacramentos, sin percatarse de que ello afecta a la práctica y a la vivencia de otros, así como a la comprensión del resto de las dimensiones de la vida eclesial.

Si no se integra, en alguna medida, la realidad completa de la Iglesia, el fruto de la renovación no será maduro. Esto exige que todos los cristianos participen en el camino del crecimiento espiritual y comunitario, y que se integren distintos ámbitos. ¿Y cuáles son los ámbitos que deberían tenerse hoy en cuenta, no como únicos espacios de renovación, sino como claves para plantear la vida eclesial en su conjunto y en lo particular de cada realización? Veamos a continuación los más significativos.

1. Mentalidad y actitud

Un ámbito de renovación que está afectado por todos los demás es el de las ideas, las formas de pensar y los modos de vivir. Toda renovación precisa de cambios en la mentalidad y en la actitud con la que se afrontan algunas cuestiones. Justamente aquí se abre un campo determinante, porque la forma de pensar afecta al modo de vivir, y no siempre es fácil modificar la mentalidad que tenemos y con la que hemos actuado. En ocasiones, se buscan cambios prácticos que no son eficaces porque, aun cuando se haya modificado la forma de actuar, se sigue pensando igual que antes. No es suficiente presentar nuevas maneras de organizarse y de actuar, sino que se necesita que en algunos aspectos también cambie la forma de pensar. A modo de ejemplo, la profundización de la teología se encuentra tan alejada de la práctica cristiana que apenas ha conformado la vida de la mayoría de los cristianos, de modo que seguimos pensando como en tiempos pasados, aunque hagamos cosas de forma diferente. Hasta puede sucedernos que algunas ideas antiguas sean las que nos estén impidiendo que nos zambullamos en la vitalidad del Evangelio.

Unida a las ideas que determinan el pensamiento, está la actitud con la que se vive. La renovación eclesial incluye una actitud vital que se caracteriza por la búsqueda de la fidelidad, la apertura al cambio y la escucha para poder reflexionar sobre la vida real de la Iglesia. Respecto a la actitud con la que se afronta la renovación, una tentación es situarse en los extremos, que únicamente conducen a la parálisis y la radicalización. Un extremo es pensar que no hay nada que hacer porque todo está mal y en la Iglesia no hay futuro; el otro es considerar que todo está bien y, por tanto, no hay que hacer nada distinto a lo de siempre. Ambas actitudes bloquean la reflexión y la acción.

También lastra fuertemente la renovación una visión moralista que paraliza. No pocas veces parece que la Iglesia funciona mal porque no hacemos nada bien. Esta tendencia moralizante conduce a la culpabilización permanente[1]. Además, cuando se lleva al extremo, desactiva la responsabilidad en las cosas concretas de la vida de la Iglesia. No cabe duda de que la Iglesia hace muchas cosas bien y que algunos supuestos fracasos se deben a la libertad de las personas o a legítimas opciones de no participar en la Iglesia. No es que la Iglesia lo haga mal, sino que simplemente las personas son libres y, por extraño que pueda parecer, eligen formas de vida distintas. Aunque la Iglesia fuera perfecta, no todos la seguirían necesariamente.

Pensar y actuar reclama serenidad y discernimiento, pues no todo está bien, pero tampoco todo está mal. El primer ámbito de renovación, sumamente difícil, es el de la forma de pensar y la actitud vital. Ya sería un gran logro, al menos, no negarse a iniciar este camino de conversión mental, de actitud y de forma de vida.

2. Lo particular y lo cercano

Mirando a la vida concreta de la Iglesia, la primera cuestión es dónde hay que actuar para que sea efectiva la renovación. La vida real tiene su espacio en lo particular y en lo cercano; de hecho, las estructuras que apuntan hacia la universalidad eclesial se insertan en las Iglesias particulares y animan la vida de las comunidades locales. Ciertamente, tanto lo universal como lo particular han de integrarse en toda la vida eclesial, pues la Iglesia es la comunión de Jesús (lo universal) por medio de estructuras de vida (lo particular). Sin lo más local y próximo, lo general pierde su contenido vital; sin estructuras universales y sin

1. Con su lucidez habitual, Adolphe Gesché desenmascara los riesgos del moralismo y de la culpabilización (cf. *La paradoja de la fe*, 127-135).

la comunión con toda la Iglesia, lo particular se encierra en formas demasiado vinculadas a protagonismos personales o a momentos históricos que no son repetibles.

Siendo ambas dimensiones, la universal y la particular, esenciales e inseparables, la verdadera renovación sólo tiene lugar desde lo concreto. La vida de la Iglesia se juega donde las personas viven la fe, se relacionan con otros y dan forma al Evangelio. Una reforma desde principios generales y a nivel universal no termina de materializarse. Es en las comunidades cristianas donde acontece la vida y donde ha de buscarse la forma de llevar a la práctica como comunidad el Evangelio. En una región, en una diócesis, en una parroquia, en un grupo, se ha de discernir qué hacer en concreto para vivir hoy el Evangelio y para crecer como comunidad. No se puede esperar que, desde instancias superiores, como la Santa Sede, se diga o se decida qué hay que hacer en un lugar determinado. La valoración teológica de la Iglesia particular y la relevancia práctica de las diócesis debe potenciarse en la vida de la Iglesia. Incluso aunque hubiera orientaciones generales, la renovación únicamente será real a partir de lo particular.

Aquí tienen que asumir su responsabilidad cada diócesis, cada obispo, cada comunidad, cada cristiano. Si hay que cuidar determinados aspectos de la vida diocesana o parroquial, si hay que insistir en la importancia de la vida religiosa o en el cuidado de la oración, si conviene subrayar el compromiso social o hay que impulsar la esperanza o el valor de la fidelidad, si es oportuno favorecer celebraciones en espera de presbítero o proponer celebraciones de la Palabra o reunirse para celebrar la eucaristía… se trata de discernimientos que hay que hacer en cada lugar. Los obispos y las diócesis tienen que ser valientes para buscar, desde su realidad y con pasión apostólica, la concreción del Evangelio sin esperar indicaciones, si bien siempre en sintonía con toda la Iglesia. Esta orientación y decisión desde instancias particulares no sólo no contradice la comunión con la Iglesia universal o regional, sino que es la forma de vivir esa comunión y un principio fundamental de la eclesiología católica.

Conviene no olvidar, en último término, que la renovación eclesial no se dirige a modificar la doctrina cristiana; se trata, más bien, de algo existencial: dar forma histórica al Evangelio, compartiendo la fe, viviendo como fraternidad, anunciando la Buena Nueva y colaborando en la construcción de la sociedad. Y esto sólo se puede hacer desde lo más cercano y en las instituciones particulares.

3. Vida espiritual y estructuras

Como ya se ha indicado, los cambios afectan a las personas y a las estructuras. La conversión de las estructuras es de los asuntos más difíciles y de los que más inquietan en la Iglesia. Somos conscientes de que algunas cosas no funcionan bien, pero no sabemos exactamente qué hay que cambiar y cómo habría que hacerlo. Sin embargo, no se puede pretender que la renovación sea sólo interior o personal; si la estructura de la vida no cambia, todo sigue igual y no hay real conversión. Igualmente, si unas nuevas estructuras son adecuadas, pero no tienen vida, entonces, por muy bien pensadas que estén y por muy buenas que sean, no sirven para nada. Las estructuras vacías no traen más que esterilidad y aburrimiento. Quizá un problema de nuestras comunidades es que se aburren porque falta vitalidad, ilusión, acciones que edifiquen y sean fecundas[2]. Si

2. En el comienzo de una de las grandes novelas de Georges Bernanos, el párroco habla del aburrimiento en las parroquias. «Mi parroquia se halla consumida por el aburrimiento; esa es la palabra exacta. ¡Como tantas otras parroquias! El tedio lo devora todo ante nuestra vista y nos sentimos incapaces de hacer nada. Acaso algún día nos alcance el contagio y descubramos en nosotros mismos ese cáncer. Es posible vivir mucho tiempo teniéndolo latente en el interior» (*Diario de un cura rural*, 13).

unas nuevas estructuras nacen muertas, terminan generando frustración, desánimo y parálisis.

El centro de todo cambio de estructuras está en buscar a Dios y la fidelidad al Evangelio. Si Dios no es el centro de la Iglesia y de su renovación, nada tendrá sentido. El gran desafío de la Iglesia es mostrar que Jesús es su corazón y su tesoro. Si no es desde él, ninguna renovación de estructuras tiene sentido[3].

Para una auténtica renovación, ¿no tendremos que hablar más de Dios y de Cristo? Si la respuesta es positiva, la renovación eclesial adquiere su verdadero sentido espiritual[4]. Está orientada a crecer en la fe, en el seguimiento de Jesús y en la vivencia del Evangelio. En este sentido, los cambios institucionales han de ayudar al crecimiento espiritual de los cristianos y de las comunidades eclesiales. Esto implica la confianza en la fuerza de Dios, reconociendo que él actúa en su Iglesia, la guía y le ofrece los medios para llevar adelante su misión. La Iglesia crece y se hace más auténtica cuando más confía en Dios, se pone en sus manos y se sabe sostenida por quien es la fuente de vida y de creatividad. Sin esta dimensión espiritual, la renovación se vuelve estéril y se agota en los tiempos y en los medios que no conducen a una verdadera fidelidad[5].

3. En el Sínodo de los obispos de 1985, a los veinte años de la clausura del Concilio Vaticano II, los padres sinodales reconocieron que debido a «una lectura parcial del Concilio, se ha hecho una presentación unilateral de la Iglesia como una estructura meramente institucional, privada de su misterio. Quizá no estemos libres de toda responsabilidad de que, sobre todo los jóvenes, miren críticamente a la Iglesia como una mera institución. ¿No les hemos dado ocasión hablando demasiado de renovar las estructuras eclesiásticas externas y poco de Dios y de Cristo?» (*La Iglesia, bajo la Palabra de Dios, celebra los misterios de Cristo para la salvación del mundo*, I, 4).

4. Jesús «ha construido el camino hacia el Reino de Dios y en este contexto ha reunido de nuevo al Pueblo de Dios. Esto marca (o así debería ser) a la Iglesia, no sólo existencialmente, sino también estructuralmente [...]. El seguimiento no es sólo un principio estructural, sino que es, mucho más aún, principio vital de la Iglesia» (T. Söding, *Jesus und die Kirche*, 270).

5. «Sin una experiencia fuerte de Dios, la comunidad eclesial pasa a poner su confianza en los elementos humanos de la institución: leyes, ritos,

Una vez que la comunidad eclesial se centra en quien es su fuente y cuida la dimensión espiritual, surgen en ella de manera espontánea acciones concretas y formas institucionales, ya que no es posible vivir lo espiritual en vacío histórico. La Iglesia necesita ajustar sus instituciones para que sean realización y vivencia de lo que cree y anuncia. Si no cambian algunas formas, no hay renovación auténtica. Es imposible cambiarlo todo, pero sí pueden cambiarse algunas cosas en la estructura parroquial, en congregaciones religiosas, en monasterios, en el organigrama diocesano, en estructuras de formación, de servicio, de financiación, en la vivencia del domingo, etc.

Esta unión de lo espiritual y lo estructural se ha dado constantemente en la historia de la Iglesia. Las que han terminado por ser grandes reformas, han tenido motivaciones espirituales y han conducido a un crecimiento espiritual mediante cambios también institucionales. Resulta especialmente llamativo que los grandes movimientos espirituales han surgido unidos a nuevas formas de vida, con la intención de tomarse en serio el Evangelio. Así surgieron el monacato antiguo, las órdenes mendicantes en la Edad Media, los movimientos evangelizadores en el siglo XVI, las congregaciones religiosas del XIX y los nuevos movimientos en el siglo XX, que han unido estructuras y espiritualidad. Hoy los movimientos eclesiales muestran esa unión y potencian la renovación eclesial[6]. Estas diversas instituciones, en gran parte carismáticas, muestran un camino de renovación personal y comunitaria, generan formas de vida cristiana que alimentan las estructuras eclesiales y promueven una re-

tradiciones, autoridad, doctrinas, tareas, instituciones. Pero esos elementos, carentes del Aire divino, no tienen capacidad de salvación y, en cuanto se tomen de hecho como lo más importante en la vida cristiana, hunden aún más a la Iglesia en la pobreza y en la insignificancia espiritual ante los propios fieles y ante los hombres del tiempo» (G. Tejerina, *La gracia y la comunión*, 265).

6. Cf. J. Ratzinger, *Convocados en el camino de la fe*, 181-214.

novación espiritual. En el fondo, modelan los elementos fundamentales de la Iglesia: fe personal, eucaristía, vinculación con el ministerio apostólico y vida comunitaria.

Me gustaría concluir este apartado con un ejemplo. Uno de los lugares específicos de la vivencia espiritual cristiana es el ámbito monástico. La vida consagrada está llamada a generar espacios alternativos, que sean signo del Reino de Dios en nuestro mundo, lo cual afecta a las distintas plataformas en las que trabajan los religiosos: espiritualidad, educación, servicio a los pobres, acompañamiento a quienes sufren, etc. Aplicada a este ámbito la renovación, necesariamente habrá de destacarse el valor de los monasterios como lugares de oración y de vida espiritual. Un monasterio es una comunidad que está en la Iglesia y en la sociedad como signo palpable de que Dios es el centro y el mundo está abierto a su presencia y a su revelación. Los monasterios son lugares eclesiales que remiten a lo central de la vida cristiana, donde Dios ha de orientar cada actividad, cada pensamiento y cada palabra. La Iglesia necesita monasterios con una rica vida espiritual, con comunidades fraternalmente fuertes, dispuestas a acoger hospitalariamente y a ofrecer espacios de espiritualidad, de oración, de reflexión, de paz y de encuentro. En ellos la liturgia se convierte en el signo de que Jesús es el centro de la vida diaria de la Iglesia y quien la reviste con su belleza.

4. La vida litúrgica

En la liturgia, la Iglesia se manifiesta y se realiza a sí misma; no en vano, la liturgia es «la Iglesia en oración»[7]. Es en la liturgia donde la Iglesia adquiere la forma de Jesús y alimenta su renovación; además, testimonia el camino por el que avanza hacia el encuentro con el Señor.

7. R. Guardini, *El sentido de la Iglesia*, 29.

No es casualidad que el primer documento del Concilio Vaticano II fuera la constitución sobre la liturgia. La razón principal no es que el tema litúrgico estuviera suficientemente maduro en la reflexión, sino que se había revelado como el motor de la renovación eclesial. De hecho, en el primer texto del Concilio, que define los objetivos del mismo, se dice que entre sus propósitos se encuentran el «acrecentar cada vez más la vida cristiana entre los fieles [y] adaptar mejor a las necesidades de nuestro tiempo las instituciones que están sujetas a cambio, [y que a esta Asamblea] le corresponde de modo particular procurar la reforma y el fomento de la liturgia» (SC 1). Es lógico considerar que no existe una auténtica renovación eclesial sin una vivencia profunda de la liturgia. En ella la Iglesia misma está con su Señor, fuente permanente de su existencia y vitalidad.

Puesto que la vida litúrgica es lo más visible de la Iglesia y su realización fontal, resulta clave que también sea expresión de la verdadera identidad de la comunidad de los seguidores del Señor. Hay formas litúrgicas que son constitutivas del ser eclesial, sobre todo en la celebración de los sacramentos, y otras que han de adaptarse según el estilo propio de cada tiempo. Pero siempre las celebraciones deberán salvaguardar y mostrar la centralidad de la vivencia del encuentro con Jesús y la importancia de la comunidad cristiana.

La tendencia «esteticista» de nuestro tiempo favorece una liturgia centrada en los ritos y los símbolos como medio para hacer presente la propia vida. Por otra parte, es verdad que la insistencia en ritos y símbolos ha contrapesado una tendencia «moralista» de la liturgia, según la cual la celebración estaba dirigida al fortalecimiento moral y a la motivación para el compromiso social. No obstante, la liturgia cristiana ha de integrar tanto la ética como la estética, sin olvidarse de la verdad que expresa la fe. A este respecto no está de más recordar que en la experiencia litúrgica se unen lo verdadero y lo bello, y «lo verdadero debe subordinarse a lo bello»[8]. Con todo, ambos aspectos no pueden separarse, pues una belleza que no incluya la verdad se queda vacía, y lo verdadero sin belleza rompe la dinámica propia de la liturgia. En efecto, no sólo hay un peligro de que la búsqueda de lo verdadero devalúe el sentido de la belleza, también lo bello, si se descentra, puede oscurecer la verdad de la liturgia[9].

Pero ¿cuál es la verdad de la liturgia? Sin duda, el encuentro con Jesús. Precisamente en esta verdad está la luz de la belleza cristiana y, por tanto, el sentido estético de la liturgia, que no se basa en ceremonias y ritos, sino que dirige todo lo externo –signos, palabras, elementos materiales y artísticos– hacia el misterio de Jesús. Nada externo es en la liturgia fin en sí mismo, sino que todo ha de transparentar, con sobria sencillez, a Jesús mismo, y ha de integrarse en la celebración para gustar la verdad de Jesús.

La liturgia es fundamentalmente un acontecimiento teológico y fraterno para vivenciar la fe eclesial. Cada creyente se encuentra con Jesús mediante su inserción vital en la Iglesia. Por eso, lo fundamental de las celebraciones litúrgicas se cifra en que son acontecimientos eclesiales, en los que hay una realidad comunitaria que refleja su identidad. En concreto, los sacramentos los recibe una persona, pero son siempre «celebraciones de la Iglesia» (SC 26), en la que encuentran su sentido y su entorno vital. Sin una comunidad cristiana viva, a los sacramentos se les sustrae el lugar propio de la celebración y de la realización eficaz. La Iglesia necesita la vida litúrgica, pero la liturgia reclama una vida eclesial realizada.

8. J. Y. Lacoste, *La fenomenicidad de Dios*, 272.

9. «Lo bello puede ofuscar lo verdadero: ornamentaciones decadentes que enmascaran el texto que adornan. La adecuación de lo verdadero y lo bello –reconozcámoslo– es el ideal, y rara vez es real. Pero es a partir de ese ideal como percibimos hasta qué punto la liturgia no se contenta con repetir un saber, sino que también constituye un lugar de conocimiento» (*ibid.*, 273).

La vivencia eclesial de la liturgia no está exenta de peligros. La debilidad de la fe, las formas que subrayan lo externo de los ritos, la complejidad en formas litúrgicas y la concentración en las acciones de los ministros tienen el riesgo de convertir la liturgia en algo ajeno a la mayoría de los cristianos. Podría constituir un elemento extraño que, por no entenderse, deja de vivirse en su autenticidad. Es verdad que no es imprescindible que todos los participantes conozcan cada detalle de la celebración, pero sí ha de ser perceptible el sentido de lo que allí se está viviendo, pues lo enigmático y oculto no es una dinámica cristiana. Cuando en ocasiones se apela al sentido del misterio, se olvida que el misterio cristiano es fundamentalmente comunicación, revelación y encuentro. No tiene nada que ver con lo esotérico y enigmático. El no saber ante el misterio apunta a lo siempre novedoso, sorprendente e inagotable del amor de Dios. La condición de misterio está unida al descubrimiento personal, que siempre es posible. A esto responde que cuanto más se conoce la liturgia, mejor puede ser vivida. Ciertamente, no se trata de un intelectualismo que piense que cuando se sabe el significado de las cosas ya se viven; al contrario, el objetivo del conocimiento es vivir los símbolos y entrar en el espíritu de la liturgia.

Un criterio litúrgico básico es buscar siempre «la participación plena, consciente y activa» de todos (SC 14). Esta participación es, antes que nada, la vivencia creyente de la liturgia. Siendo algo espiritual, la implicación personal de cada bautizado pide una expresión concreta. La liturgia no puede reducirse a la realización de ritos externos por parte de aquellos que han sido investidos con ministerios específicos, mientras que el resto la vive sólo interiormente. La participación plena, consciente y activa tiene que verse en acciones, gestos y palabras, sin olvidar el espacio litúrgico que se ocupa y el modo de situarse la asamblea y cada persona. No obstante, puesto que la participación es una vivencia de fe, será tanto más viva e interior cuanto más profunda sea la vivencia de la fe y el sentido de comunidad.

Me parece que para una buena participación litúrgica ayuda mucho el criterio de la sencillez. La bella sencillez, que es propia de la litúrgica romana, favorece que se vivan los símbolos, se entiendan los gestos y se participe en las acciones litúrgicas, porque se hace algo o se escucha e internamente se vive lo que está aconteciendo.

Es importante considerar un «nosotros» litúrgico que ha de expresar y alimentar el «nosotros» comunitario. Quien participa auténticamente en la liturgia se introduce en una Tradición viva y queda unido a la comunidad cristiana, porque liturgia y vida eclesial se retroalimentan. Esto es un elemento que pone de manifiesto haber entrado en el espíritu litúrgico.

Hay otro elemento clave de la vida litúrgica, que es su situación en el todo de la vida eclesial. Se reconoce que la liturgia, y de forma particular la celebración de la eucaristía, es «la cumbre a la que tiende toda la acción de la Iglesia y, al mismo tiempo, la fuente de la que mana toda su fuerza» (SC 10). La liturgia no es todo en la vida eclesial y, para ser cumbre y fuente, la acción de la Iglesia no puede reducirse a las celebraciones litúrgicas. ¿No se necesita potenciar más la vida comunitaria en la Iglesia, para que la liturgia sea realmente cumbre y fuente? La debilidad de las comunidades cristianas y la escasez de vida pastoral más allá de lo litúrgico no ayuda ni a la vivencia litúrgica ni al crecimiento creyente.

Potenciar la vida litúrgica está pidiendo cuidar el conjunto de la vida cristiana. Por ello, en ocasiones son necesarios signos claros, uno de los cuales es no celebrar la eucaristía para dar relieve a cualquier acontecimiento especial. Multiplicar desmedidamente las celebraciones no ayuda al verdadero sentido eucarístico, como determinadas comprensiones devocionales e individualistas tampoco lo favorecen, entre otras cosas porque opacan la importancia decisiva de la eucaristía dominical, que es esencial para el cristianismo. Cuando se celebra la eucaristía en exceso y se equiparan todas las celebraciones a la del domingo, se está empobreciendo el sentido de la eucaristía. Es preciso potenciar el sentido del domingo y promover la vida eclesial en su conjunto: la oración, la lectura de la Biblia, los encuentros fraternos, el compromiso cívico, las acciones caritativas, la ayuda fraterna, la reflexión teológica, la presencia de presbíteros sin que tengan que celebrar la eucaristía, etc. Este enriquecimiento de vida eclesial ha de nacer de la vida litúrgica, que a su vez hará la vida de la Iglesia más viva y eficaz.

5. Formas culturales

El cristianismo es un acontecimiento teológico que se realiza culturalmente. Se expresa en una cultura y se transmite como una cultura. En el diálogo con otras culturas, se enriquece y adquiere elementos característicos del momento histórico y del lugar. Por eso, la Iglesia asume expresiones culturales y crea cultura allí donde está. Ahora bien, el cristianismo no puede identificarse por completo con ninguna cultura, sino que las trasciende; e incluso se convierte en instancia crítica para la cultura que la misma fe cristiana ha creado.

Las formas culturales ayudan a vivir la fe, a transmitirla y a hacerla eficaz en la sociedad. Cuando una sociedad asume rasgos culturales del cristianismo, permite a la fe desplegarse con mayor fuerza. No obstante, puesto que la fe y la cultura son dinámicas, si la vivencia de la fe y la realidad cultural no crecen juntas, puede darse una distorsión. Sin la fe, esa cultura pierde una parte importante de su aliento y de su sentido. Sin una cultura adecuada, la fe debilita su conexión con la realidad y apenas puede expresar su esencial condición comunitaria y misionera. La fe y la cultura se necesitan; más aún, crecen y se enriquecen mutuamente.

En la actualidad hay formas culturales que tienen un origen cristiano, pero muchas personas ya no las viven con un sentido creyente. Esto reclama a la Iglesia discernimiento y propuestas que ayuden a evangelizar expresiones culturales que nacieron en ella, pero su vinculación se ha vuelto difusa. Pudiera ocurrir que formas culturales que fueron un medio fecundo para la vivencia de la fe en otros tiempos, hoy se conviertan en frenos para una auténtica vida de fe.

Una forma cultural que sigue siendo importante es la comunidad humana de un pueblo o de un barrio. En el ámbito rural, los pueblos fueron, y en parte siguen siendo, la realidad cultural en la que se vivía la fe, el sentido de comunidad y la vida fraterna. Sin embargo, la identificación entre pueblo y comunidad cristiana ya no es tal, aunque en algunos aspectos la cultura rural sigue contribuyendo a potenciar un sentido comunitario. Otro fenómeno más grave es la paulatina despoblación de los pequeños núcleos rurales y el consiguiente empobrecimiento de su realidad humana y cultural, que dificulta también que sean comunidades de fe. No obstante, para muchas personas el pueblo es la referencia determinante en la vivencia de la fe, porque así la han recibido y experimentado. Pero si esa referencia termina siendo pobre y apenas se percibe una comunidad cristiana, resulta que lo que era medio de realización de la fe, se convierte ahora en una dificultad. Un ejemplo a este respecto es querer seguir celebrando los sacramentos en la propia iglesia, como si sólo en ella pudiera vivirse la fe. No cabe duda de que el lugar es muy importante, pero no es lo decisivo. La renovación eclesial en el contexto rural pide ir más allá del lugar físico y encontrar en la comunidad viva la clave de la propia fe. Dicho de otro modo, lo decisivo es el lugar personal y eclesial de la fe sin despreciar en ningún caso la importancia que tiene la realidad cultural de pertenecer a un pueblo y de querer seguir siendo un pueblo[10].

Esta realidad remite a otra relacionada con el territorio. Las parroquias se entienden como demarcaciones territoriales, lo cual es necesario para su concreción. Sin embargo, la movilidad de las personas y la organización de la sociedad actual abre a formas de relación no tan marcadas por lo geográfico. Probablemente se hace necesario centrar en la comunidad cristiana también los aspectos jurídicos que afectan a la vida parroquial y relativizar el aspecto territorial[11].

Un tercer aspecto tiene que ver con el lenguaje que se utiliza en la Iglesia. La fe cristiana ha generado, junto a manifestaciones artísticas y a valores éticos, conceptos y expresiones lingüísticas. Pero la evolución cultural también hace que el lenguaje vaya cambiando y que algunos conceptos y expresiones ya no se entiendan bien o no sean significativos. La renovación eclesial supone un nuevo lenguaje, que se corresponda con la realidad del mensaje cristiano y de la vida eclesial, al mismo tiempo que sea realmente comunicativo, porque se entienda y diga algo a quienes lo escuchan. El lenguaje que se utiliza en la oración, en la catequesis, en la predicación y en las conversaciones sobre la fe ha de ser correcto y adecuado. Puede haber términos que ya no digan nada y deben dejar de utilizarse; otros han de explicarse, porque pertenecen a la cultura cristiana; incluso pueden introducirse lenguajes nue-

10. Hablando de la visibilidad de la parroquia y de su condición territorial, José Luis Cabria formula el criterio de «una subordinación del lugar a la comunidad» (*Teología de la parroquia*, 304).

11. Cf. Congregación para el Clero, *La conversión pastoral de la comunidad parroquial*, 8-10; J. Zazo, *La parroquia en la Europa postmoderna*, 23-41.

vos de acuerdo con nuestro tiempo cultural. Con todo, es muy importante que en la liturgia el lenguaje de los textos litúrgicos, las oraciones y las canciones sea adecuado y ayude realmente a orar, a experimentar la comunión con la Iglesia, a hablarle a Dios con verdad y con belleza. Por eso, el lenguaje litúrgico ha de ser comprensible y, en la medida de lo posible, literariamente bello.

En cuarto lugar, hay formas culturales que ayudan a vivir la fraternidad cristiana. La realidad de los pueblos y barrios, así como las cofradías, han sido formas de vida fraterna. La riqueza que las cofradías han aportado en este sentido es impresionante. Muchas cofradías funcionaron como admirable ayuda humana, económica y espiritual, sobre todo para atender a los necesitados, enterrar a los muertos y acompañar a sus familiares. También han servido para organizar los aspectos festivos de la fe, mediante romerías, y para cuidar la espiritualidad, como ocurre con las cofradías de la Semana Santa. Hoy la vivencia fraterna y la dimensión festivo-celebrativa han cambiado, y seguramente hay que buscar formas nuevas para vivir la fraternidad y la celebración; al mismo tiempo, hay que renovar el sentido de las cofradías y de la vida cofrade. Las formas tradicionales de vivir la fe en las parroquias –con sus devociones, romerías, asociaciones, cofradías, etc.– necesitan un acompañamiento evangelizador para que la fe pueda ofrecer sentido o sirva como ejemplo y modelo de vida para quienes no la han experimentado.

Sabemos que estos cambios culturales no son fáciles de plantear ni de abordar. La cultura nos marca tanto que cuando cambiamos todos, evoluciona rápidamente; pero si los cambios no afectan a todos ni a todas las dimensiones, se ralentizan. Hay que contar con que la renovación de formas culturales lleva mucho tiempo, requiere clarividencia en algunas decisiones y tener paciencia.

6. La cuestión económica

Al ser la Iglesia una estructura humana, es lógico que tenga bienes y los administre, cuente con medios materiales para existir y para llevar a cabo su misión. Y como lo material es clave para el ser humano y para la sociedad, la cuestión de los bienes y del dinero es determinante para pensar la renovación eclesial. Ahora bien, igual que en las demás áreas, la Iglesia ha de identificarse con Jesús y seguir sus criterios a la hora de funcionar económicamente.

La relación humana con los bienes materiales alberga la ambigüedad de que, al mismo tiempo que son necesarios y generan posibilidades para objetivos nobles, se adueñan del corazón, pues ofrecen seguridad y poder. Según el mensaje evangélico, Jesús invita a pensar dónde tenemos nuestro corazón, que se encuentra allí donde está nuestro tesoro (Mt 6, 19-21; 13, 44; Mc 19, 21). Para un seguidor de Jesús, el verdadero tesoro ha de ser siempre el Reino, que es el mismo Jesús y su Evangelio.

Sobre este tema no podemos ser ingenuos. De hecho, está difundida una imagen de la Iglesia que la identifica con el poder y el dinero que posee[12]. ¿Acaso no estamos muy preocupados por tener poder, por influir en la sociedad, por pretender que todos pasen por la Iglesia? ¿No nos cuesta mucho aceptar, a este respecto, cierta insignificancia social? ¿No estará demasiado en el centro de las preocupaciones eclesiales el tema económico? Conviene recordar que la economía y el poder están estrechamente

12. Ojalá sea falso lo que se dice en este texto terrible de una novela de Fiodor Dostoievski, aunque encoge el corazón pensar que pudiera haber algo de verdad: «El catolicismo romano cree que la Iglesia no puede existir en la tierra sin el poder temporal universal [...]. Se ha jugado con los sentimientos más sagrados y auténticos, más puros y ardientes del pueblo; lo han vendido todo, todo, por dinero, por el más rastrero poder temporal. ¿No es eso lo que enseña el Anticristo? ¿No está claro que de eso procede el ateísmo? ¡De ahí procede el ateísmo, directamente del catolicismo romano!» (*El idiota* IV, VII, 803).

conectados, pues el dinero da poder y quien tiene poder dirige, en gran medida, lo económico. Por otra parte, a veces la riqueza ayuda a mantener estructuras de poder y de influencia que, en realidad, quedaron vacías hace tiempo. No cabe duda de que, cuando se viven de forma ética y humanamente ordenada, tanto la economía como el ejercicio del poder ayudan al crecimiento de las personas y de la sociedad. Sin embargo, cuando están desorientadas y movidas por intereses malignos, son destructivas.

Con mucha claridad y cierta insistencia, Jesús propone vivir renunciando a dominar y acogiendo la pobreza como forma de vida. El Maestro llama a servir sin actuar como los poderosos de los pueblos (Mc 10, 42-45) y a evangelizar desde la pobreza (Mt 10, 7-10). Esto suena radical, pero es central para que la Iglesia se asimile a Jesús en el uso del dinero: «No podéis servir a Dios y al dinero» (Lc 16, 13). Cuando los fariseos, a los que el evangelista considera amigos del dinero, se burlan de Jesús (v. 14), él les dirige palabras muy duras: «Vosotros sois los que os las dais de justos delante de los hombres, pero Dios conoce vuestros corazones; porque lo que es estimable para los hombres, es abominable ante Dios» (v. 15). En efecto, el dinero constituye una fuerte tentación, pues genera poder y ofrece seguridad. Si queremos que Jesús y el Reino sean el único tesoro en el que la Iglesia ponga su corazón, ¿no tendríamos que replantear la organización económica de la Iglesia y revisar constantemente nuestros modos de buscar influencia en la sociedad?

Las riquezas ocupan un espacio vital que se lo restan a Dios, el único que puede otorgar la seguridad plena. Por eso, para poner su corazón sólo en Dios y para evangelizar de verdad, la Iglesia debe romper con la dinámica que impone el poder del dinero, bien sea para conseguirlo, bien sea para emplearlo. Es evidente que, como cualquier institución humana, la Iglesia necesita bienes para realizar su misión, pero esto no puede convertirse en el criterio decisivo. Para cumplir su misión, lo único imprescindible es Dios y el testimonio de la fe; lo demás no es esencial. Si se vincula la misión al dinero, se desactiva parte de la fuerza evangélica y se suscitan continuas sospechas. Si bien hay que interpretarlo en su contexto, Jesús envía a sus discípulos con la indicación expresa de que no lleven dinero (Mc 6, 8; Mt 10, 9). Creo que sólo podremos evangelizar de verdad cuando seamos capaces de separar a la Iglesia del dinero. Si la Iglesia pone su confianza en los medios materiales a la hora de evangelizar, no estará siendo fiel a su misión. Si su actividad se vincula a conseguir dinero y a que ofrezca servicios que deben pagarse, resultará muy difícil hablar de gratuidad y de que lo importante es la fe.

Por supuesto, la Iglesia necesita tener dinero para cumplir su misión propia. El problema está en qué hace con el dinero y en cómo lo consigue. Respecto a lo primero, en el Código de Derecho Canónico se precisan los fines propios para los que la Iglesia administra bienes temporales: «Sostener el culto divino, sustentar honestamente al clero y demás ministros y hacer obras de apostolado sagrado y de caridad, sobre todo con los necesitados» (CIC 1264, 2). En definitiva, los bienes materiales sirven para organizar su vida y realizar su misión. En ningún caso pueden utilizarse para fines ajenos a su misión o con intereses personales o lucrativos.

En cuanto a la forma de financiarse, las comunidades cristianas han de compartir y ayudar económicamente para que la Iglesia pueda funcionar; pero, según mi opinión, en ningún caso la Iglesia ha de cobrar dinero por los servicios pastorales. Sobre todo, la celebración de los sacramentos ha de desvincularse completamente del dinero. Se ha de invitar a colaborar económicamente en contextos de vida comunitaria, como un aspecto del compromiso de fe, pues la vivencia creyente afecta a la comunicación de bienes y al compartir lo que se tiene, colaborando en la misión eclesial. Pero nadie debería pagar por celebrar un sacramento ni por participar en la vida eclesial[13]. Si hay que colaborar económicamente en lo que se está organizando, se debe buscar la forma de motivarlo y de realizarlo con sentido de participación, de colaboración y de generosidad, sin intercambios comerciales por servicios prestados.

Así pues, a mi modo de ver, habría que cambiar el derecho canónico para que los ministros ordenados no puedan cobrar estipendios por la celebración de la eucaristía. En el canon 947 se pide que «en materia de estipendios, evítese hasta la más pequeña apariencia de negociación o comercio». En la práctica, esto resulta imposible, porque la misma regulación no sólo no puede evitar esa apariencia, sino que en sí misma es una negociación y un comercio[14]. La única forma de aplicar esta idea tan importante de evitar la apariencia de comercio es la derogación de la regulación de los estipendios (cf. CIC 945-958) y la prohibición de cualquier intercambio económico vinculado a la celebración de los sacramentos. La necesaria financiación de la Iglesia y de los ministros ordenados ha de buscarse de otros modos. Mientras se mantengan las ofrendas y las tasas, todo lo que se diga sobre el servicio, la comunidad, el sentido espiritual, la importancia de la oración, el valor espiritual y eclesial de la eucaristía o la comunión de los santos permanecerá bajo sospecha o caerá en el vacío. Además, favorece que quien hace la ofrenda piense que la oración sólo es válida si

13. La distinción canónica entre tasas por acciones ejecutivas y ofrendas con ocasión de la celebración de sacramentos tiene de fondo esa preocupación por separar la acción eclesial de cualquier forma de comercio económico (cf. CIC 1264); con todo, esta normativa no resuelve la cuestión, pues en cuanto hay una regulación de tasas y ofrendas, la acción eclesial ya queda vinculada a pagos. La terminología jurídica distingue bien, pero en la vivencia de estas acciones resulta prácticamente imposible dicha distinción.

14. Esta contradicción continúa apareciendo en el documento de la Congregación para el Clero, *La conversión pastoral de la comunidad parroquial*, 118-121.

se paga, lo cual desorienta el sentido espiritual y la vivencia eclesial de los sacramentos.

Realmente, el deseo de anular toda relación entre dinero y sacramentos es bastante común, y no se ha llevado a cabo porque se considera que en algunos lugares es la única forma de sustentación del clero[15]. Pero los problemas de sustentación de los ministros ordenados se deben solucionar de otro modo[16]. En el límite, es mejor que la Iglesia pase penuria económica a que se transmita una imagen comercial y de apego al dinero. Hay que buscar otras formas, que siempre pasan por un sentido comunitario y por la colaboración de todos en la vida eclesial, donde lo económico no debe estar ausente. Todo ministro tiene una comunidad a la que sirve. Según la lógica que venimos exponiendo, un cambio en los estipendios supone una forma de entender y vivir la comunidad cristiana, la colaboración en su construcción, el sentido del ministerio ordenado, etc. De nuevo, las propuestas concretas tienen que estar situadas en el contexto global de la vida eclesial. Pequeños cambios tienen sentido y son posibles si otras dimensiones también van en la misma dirección. En efecto, si se quitan los estipendios, pero no cambia el sentido comunitario, la vivencia litúrgica y la realización pastoral del ministerio, el cambio será significativo y ayudará, pero tendrá poco alcance.

La idea de fondo es que la economía eclesial ha de sustentarse en un fuerte sentido comunitario. Se trata de compartir los bienes para el funcionamiento ordinario de la Iglesia y para llevar adelante la misión eclesial, en sus distintas dimensiones. Todo esto tiene detrás formas de orga-

15. Cf. V. de Paolis, *Los bienes temporales de la Iglesia*, 112-113.

16. Cuando se pide ayudar a sacerdotes mediante el encargo de misas, ¿por qué no se les puede dar la ayuda económica que necesitan sin que tengan que celebrar una misa? ¿Acaso el sacerdote no está dispuesto a rezar por alguien sin que tenga gratificación económica? Como se ve, estos planteamientos están viciados de raíz y conducen al absurdo, así como a prácticas cuya relación con el Evangelio no aparece con claridad.

nización económica que deben ser claras en sus objetivos y en su ejecución. Los criterios han de estar marcados por la comunión y la solidaridad; su realización necesita transparencia[17]. Lo económico tiene una objetividad tal que permite, con cierta facilidad, un verdadero funcionamiento transparente, implicando a los más posibles en la toma de decisiones y en la gestión, y comunicando exactamente de dónde viene el dinero, en qué y cómo se ha empleado. Esto supone que todo el dinero esté controlado y se justifique según la legislación económica, laboral y fiscal vigente en el ámbito civil. En la Iglesia no es admisible, por tanto, ningún tipo de dinero negro, así como tampoco recursos económicos que pudieran manejarse al margen de la comunidad implicada.

En este contexto económico y administrativo ha de situarse la cuestión patrimonial. La Iglesia tiene un rico patrimonio cultural, que ha recibido y debe cuidar, transmitir y poner al servicio de la sociedad. Para ello precisa de recursos económicos. Es una tarea importante y con un potencial evangelizador, pero no debería ponerse en el centro ni ser considerada como algo de máxima prioridad en la acción eclesial. Teóricamente, quizá nadie lo haga; sin embargo, en la práctica resulta casi imposible sustraerse a la urgencia de las necesidades patrimoniales. Ciertamente hay que intentar mantenerlo, pero, en casos extremos, si una iglesia no se puede arreglar, por muy doloroso que sea afectivamente, no debe afectar a la naturaleza y la vida de la Iglesia, porque ahí no está su sentido ni su misión.

Así pues, la financiación de la Iglesia tiene que ir unida a la renovación de la fe y de las comunidades cristianas. Desde una fe viva, se colaborará para que la Iglesia tenga, no riquezas, sino los recursos que sean necesarios.

17. Cf. F. Giménez Barriocanal - E. Martín Domínguez, *Una casa de cristal*, 13-32.

Los criterios son bastante claros en la doctrina eclesial: la organización de la comunidad cristiana y el servicio a los pobres[18]. Ambos criterios nacen de la relación con Jesús, pues él es la cabeza de la comunidad eclesial; y cuando esta se organiza concretamente, se está dando la forma de Jesús. Al servir a los pobres, la Iglesia hace algo por Jesús mismo: le ayuda, lo sirve, lo adora. Sigue siendo impresionante la homilía en la que san Juan Crisóstomo une la liturgia y la caridad, la adoración a Jesús en la eucaristía y el servicio al mismo Jesús en los pobres. Si se separan ambos aspectos se rompe a Jesús o se lo desprecia[19].

Un tercer criterio tiene que ver con el destino universal de los bienes, defendido siempre por la Iglesia. Este principio fundamenta el uso de los bienes que sean necesarios para la propia vida y la entrega a los pobres de aquellos bienes que no sean imprescindibles[20]. Esto no sólo ayuda a la justicia, sino que además genera un estilo de vida sobrio, necesario para vivir el Evangelio.

18. Juan Pablo II señala este criterio práctico: «Ante casos de necesidad no se debe dar preferencia a los adornos superfluos de los templos y a los objetos preciosos del culto; al contrario, podría ser obligatorio enajenar estos bienes para dar pan, bebida, vestido y casa a quien carece de ello» (*Solicitudo rei socialis*, 31).

19. «¿Quieres honrar el cuerpo de Cristo? No lo dejes desnudo. No lo honres aquí con vestidos de seda y fuera lo dejes devastado por el frío y la desnudez. Pues el mismo que dice: 'Esto es mi cuerpo', y con su palabra pone en movimiento la acción, él mismo dice: 'Me visteis hambriento y no me disteis de comer', y 'Lo que no hicisteis a uno de estos más pequeños, tampoco a mí me lo hicisteis'. En efecto, lo primero no necesita manteles, sino un alma pura; esto, sin embargo, sí requiere mucho cuidado. Así pues, aprendamos a pensar y a honrar a Cristo como él quiere ser honrado. [...] Pues piensa esto sobre Cristo cuando anda errante y extranjero, necesitado de techo. Tú que no lo recibes, adornas el suelo, las paredes y los capiteles de las columnas; cuelgas lámparas con cadenas de plata, pero a él no quieres verlo encadenado en la cárcel. Y digo esto no para impedir que se hagan esas cosas, sino que exhorto a hacer esto junto con aquello; mejor aún, esto [el servicio a Cristo en los pobres] antes que aquello [el adorno de la iglesia]» (Juan Crisóstomo, *Homiliae in Matthaeum* 50, 3 y 4, en PG 58, 508 y 509).

20. Cf. Pontificio Consejo «Justicia y paz», *Compendio de la doctrina social de la Iglesia*, 171-184.

La vida evangélica germina desde la pobreza como una de las actitudes cristianas fundamentales. Al no otorgar la primacía a lo económico, el foco se pone en la confianza radical en Dios y en hacerse «pobres en el espíritu» (Mt 5, 3). Ahora bien, ¿se puede vivir esta pobreza evangélica sin desprenderse de algunos bienes? La pobreza como humildad y confianza en Dios, ¿acaso no pide discernir en cada ámbito eclesial cómo desprenderse de lo que no resulta imprescindible? Probablemente ayudaría mucho a la conversión que las comunidades cristianas fueran capaces de entregar algunos bienes a los pobres como signo de desprendimiento, de total confianza en Dios y de poner su corazón en el Evangelio.

4
COMUNIDADES CRISTIANAS VIVAS

En varios momentos de estas reflexiones se ha aludido a la importancia de promover comunidades cristianas vivas. No en vano, según Walter Kasper, «la renovación de la Iglesia y el despertar de una conciencia eclesial rectamente entendida son posibles sólo con la creación de comunidades vivas»[1]. Pero ¿qué es una comunidad cristiana viva? En este capítulo se aborda esta cuestión, con la preocupación de mostrar qué hace que una comunidad tenga realmente vida cristiana.

1. La fe y la comunidad

El ser eclesial y la realización de una existencia cristiana que sea fecunda para la edificación de una Iglesia viva se concretan mediante comunidades de vida cristiana. La dinámica de concreción y de encuentro personal pertenece al dinamismo propio del cristianismo. Jesús reúne una comunidad de discípulos, que comparten vida y misión, como germen de la reunión escatológica del pueblo de Israel y de toda la humanidad. Pero la comunión universal se realiza a través del encuentro cercano, personalmente vivible y significativo para otros. Y esto no es una especie de táctica social para simbolizar la acción de Dios, sino que responde más bien a la forma como Dios actúa en el

1. W. Kasper, *La Iglesia de Jesucristo*, 475.

mundo, que a su vez se corresponde con su esencial dinamismo comunitario. Dios es comunión de amor entre el Padre, el Hijo y el Espíritu Santo; por tanto, se comunica comunitariamente y salva a los hombres como un pueblo, en comunidad (LG 9). La condición social pertenece a la identidad del ser humano y a la dinámica del cristianismo, y se ejercita en la vida de comunidad.

1. *Personalización de fe y experiencia comunitaria*

Esa dinámica comunitaria afecta directamente a la experiencia creyente. La fe es identificación con Jesús; no de otro modo se entra en la vida misma de Dios; el creyente es insertado por Jesús en una comunión. Su vivencia de fe es algo estrictamente personal, y ha de ir haciendo suya esta experiencia, personalizando el acontecimiento de Jesús en su propia vida. Esto sólo es posible de manera plena siguiendo un modo en el que el misterio de Jesús acontece comunitariamente. La comunión con Jesús se vive en su comunidad, que es la Iglesia.

Por tanto, la experiencia de fe incluye una vivencia comunitaria. A través de una comunidad de personas, vivida históricamente en un lugar, en un tiempo y mediante una cultura, el cristiano se experimenta como tal. Nadie se hace cristiano espontáneamente ni por sí mismo. La fe se recibe de otros, que anuncian a Jesús y transmiten el Evangelio, como Pablo recuerda al explicar la conexión entre fe, escucha y anuncio misionero (Rom 10, 14-15); asimismo, la fe se vive con otros, cuando se comparte la escucha de la Palabra de Dios, la celebración de los sacramentos, una forma de comportamiento, una doctrina y una moral, una espiritualidad y una misión. La fe se recibe de la Iglesia y se vive en la Iglesia gracias a unos evangelizadores concretos, a unos hermanos en la fe, a unos ministros ordenados, a una diócesis, a una parroquia, a un movimiento eclesial, a una congregación religiosa, etc. Todo esto se hace visible y personal en una comunidad determinada, cercana, en la que se experimenta personalmente el don de la vida nueva.

2. *La dimensión eclesial de la fe*

La experiencia de la fe en una comunidad muestra que se es cristiano insertado en un «nosotros» que lleva a una vivencia personal de la relación con Jesús. El cristianismo tiene un principio comunitario esencial, y la comunidad de Jesús es su realización. El Señor se ha vinculado a la Iglesia, y la relación con él tiene lugar en su comunidad. Así pues, la Iglesia pertenece a la misma vivencia de la fe, nos constituye como creyentes, y quienes viven la fe edifican la Iglesia con sus vidas.

Esto no puede llevar a la disolución del yo individual en uno colectivo; más bien, responde a la vivencia de una comunión en la que la persona se integra. Y así se llega a un criterio fundamental: la comunión potencia la propia personalidad, del mismo modo que la singularidad de cada persona enriquece a la comunidad eclesial. Si la vivencia comunitaria llevara a anular la singularidad personal, se estaría deformando el verdadero sentido de la comunión. Este tiene su quicio en el valor incondicional de cada persona, lo cual ha de expresarse y garantizarse de modo concreto en la vida comunitaria de la Iglesia.

Hace un siglo, Romano Guardini reconocía: «La Iglesia despierta en las almas»[2]. El teólogo constataba el despertar de una conciencia comunitaria en que la Iglesia se entiende a sí misma desde la categoría de comunión. En la Iglesia, las personas están en relación vital y saben que forman parte de una comunidad que las trasciende. La luz

2. R. Guardini, *El sentido de la Iglesia*, 15.

de este movimiento espiritual le haría decir a Guardini: «Si este acontecimiento denominado 'movimiento eclesial' progresa y avanza, deberá conducir a una renovación y revitalización de la conciencia comunitaria. Este es el modo adecuado de experimentar la Iglesia»[3]. No cabe duda de que, de una forma u otra, en la Iglesia siempre se promueve una vivencia comunitaria; y ello, tanto frente a un principio individualista, que encierra al creyente en sí mismo, como ante un principio colectivista, que diluye al individuo en un todo.

No obstante, cabe preguntarse si, en realidad, ha crecido desde entonces el sentido comunitario en la Iglesia. ¿No se perciben algunas tendencias que no valoran lo singular de cada persona y que pretenden imponer un régimen común que termina siendo despersonalizante? ¿No resisten en la vida cristiana formas de una piedad individualista y una comprensión de la fe como relación con Dios sin mediación eclesial? ¿Acaso no se constata la tentación de entender la comunión y la comunidad como elementos accidentales que ciertamente ayudan, pero que no son esenciales para vivir la relación con Jesús? ¿No promueven algunas comprensiones de la Iglesia, de la liturgia y de la espiritualidad un cristianismo individual, sin una vivencia comunitaria explícita?

Aunque hoy cuesta ver un movimiento de despertar comunitario, la experiencia pone de manifiesto que aquellos grupos cristianos que tienen mucha vitalidad de fe (en parroquias, asociaciones, movimientos, congregaciones religiosas…) insisten en el sentido de comunidad y proponen formas concretas de vida cristiana en una comunidad. Esto confirma, así pues, que una auténtica renovación eclesial pasa por la vivencia de la fe en comunidades cristianas con vitalidad.

3. *Ibid.*, 26.

3. *La comunidad cristiana*

Cuando se habla de comunidad en un contexto eclesial, en realidad, se hace de modo impreciso. Desde un punto de vista teológico, es obvio que no es una cuestión sociológica que remita a diferencias entre sociedades o grupos, aunque esas precisiones ayudan a pensar lo comunitario. De primeras, lo único que la idea de comunidad subraya es que se trata de una relación entre personas que establecen vínculos de cercanía. En eclesiología, la categoría de comunidad se aplica a realidades muy diversas: un grupo, una comunidad religiosa, una diócesis, una parroquia, una asamblea litúrgica, un seminario, un equipo misionero o la Iglesia misma. Esta variedad de referencias permite pensar que por comunidad eclesial se entiende, en un sentido, a la Iglesia en cuanto tal, como una comunión realizada históricamente, y, en otro sentido, a la concreción del ser eclesial en un grupo de cristianos que tienen una relación directa y fraternal[4]. La misma condición comunitaria y materna de la Iglesia aboca a la generación de una comunidad próxima, que el cristiano pueda identificar y vivir. Así, estos dos sentidos de comunidad eclesial se implican recíprocamente. La Iglesia se realiza en una comunidad y cada comunidad se entiende desde la Iglesia y en comunión con toda la Iglesia.

Esta doble referencia del ser comunidad hace ver que aquello que identificamos como constitutivo de la Iglesia en sí vale para describir la identidad de toda comunidad cristiana. Tal identidad es lo que, en cierta medida, describió el Concilio Vaticano II al definir una diócesis. A partir de ella, es posible identificar los elementos de una comunidad cristiana. «La diócesis es una porción del Pueblo de

4. Para una teología de la comunidad cristiana, cf. R. Guardini, *El sentido de la Iglesia*, 77-93; W. Kasper, *La Iglesia de Jesucristo*, 466-508; J. Perea, *Otra Iglesia es posible*, 267-278; G. Tejerina, *La gracia y la comunión*, 440-457; J. L. Cabria, *Teología de la parroquia*, 295-311.

Dios que se confía a un obispo para que la apaciente con la colaboración del presbiterio, y así, unida a su pastor y congregada en el Espíritu Santo por medio del Evangelio y de la eucaristía, constituye una Iglesia particular, en la que verdaderamente está y actúa la Iglesia de Cristo, una, santa, católica y apostólica» (CD 11).

Sin detenernos en la importancia decisiva que tiene la Iglesia particular, retenemos aquellos rasgos fundamentales del ser eclesial que son propios de toda comunidad: la acción del Espíritu Santo, que reúne; el Evangelio y la eucaristía, que dan forma existencial, y la presencia del ministerio apostólico, que ofrece una estructura comunitaria. Todos estos elementos suponen una vinculación con Jesús, pues lo hacen presente y activo en un grupo de personas. Esta presencia de Jesús, con quien se hace presente su Iglesia, se aplica en otro texto del Concilio a «comunidades, aunque a menudo sean pequeñas y pobres o vivan dispersas». Se refiere a comunidades que celebran la eucaristía, y se aclara que «la Iglesia de Cristo está verdaderamente presente en todas las legítimas congregaciones locales de fieles que, unidas a sus pastores, también son llamadas en el Nuevo Testamento iglesias» (LG 26). Cada comunidad es Iglesia de Jesús, porque él actúa en ella, recibe de él su identidad eclesiológica y el sentido esencial de su fe.

Conviene destacar que tanto el Espíritu Santo como el Evangelio y la eucaristía, así como el ministro ordenado, no provienen de la misma comunidad. Son dones que se reciben, anulando todo peligro de comprensión meramente sociológica de la comunidad y de encerramiento en un grupo. Son dones que vienen de Jesús y de su Iglesia y, por tanto, vinculan a una comunidad más grande que el grupo concreto de personas. Así se postula un principio de comunión con toda la Iglesia, en la gran comunidad cristiana. La Iglesia no nace con cada comunidad; a la inversa, cada comunidad se recibe a sí misma de la Iglesia y tiene sentido en ella.

La concreción de vida comunitaria es la que se describe en la imagen de las primeras comunidades: «Se mantenían constantes en la enseñanza de los apóstoles, en la comunión, en la fracción del pan y en las oraciones» (Hch 2, 42). En la continuación del texto apenas se insiste en la vinculación apostólica y en la oración común, pues era algo obvio. La insistencia está en la comunión (*koinonía*), que es compartir la propia vida, con un sentir común y mediante la comunicación de bienes, poniendo lo propio a disposición de todos (Hch 2, 44.46; 4, 32-34). La fracción del pan está relacionada con esa comunión vivida en un encuentro fraternal. La comunidad se reunía para comer juntos, aunque esa reunión estaba referida a la celebración de la eucaristía (1 Cor 10–11) y pronto se identificaría con ella. La vida comunitaria tiene su centro en la asamblea eucarística, en la cual se viven los elementos de oración, comunión en sentimientos y en bienes, y vinculación con los apóstoles. Al señalar de modo especial que se ponían los bienes en común, se recuerda la importancia de la caridad y del sostenimiento mutuo, al tiempo que se percibe la realización de relaciones fraternas entre los miembros de la comunidad, que se conocen, se apoyan y se ayudan en todos los órdenes de la vida[5].

2. Comunión bautismal

Si la fe se vive en la comunión eclesial, el cristiano es insertado en esa comunión por el bautismo. El que lo recibe participa de la vida nueva de Jesús, el cual se identifica con sus discípulos y les comunica su vida filial. Al entrar en comunión con Jesús, el cristiano queda vinculado a aquellos que están en comunión con él. Así, el bautismo genera comunión personal con Jesús y con su Iglesia.

5. Cf. R. Schnackenburg, *La Iglesia en el Nuevo Testamento*, 21-27; L. Schenke, *La comunidad primitiva*, 129-171; T. Söding, *Jesus und die Kirche*, 182-194.

1. *Sentido eclesial del bautismo*

Es importante destacar que lo primario del bautismo no está en introducir a la Iglesia. Lo fundamental es la unión sacramental con Jesús, que es el origen de la fe, ya que la fe es relación personal con él y tiene lugar cuando acontece un encuentro vivo. El bautismo realiza este encuentro con Jesús. El bautizado es incorporado a la Pascua de Jesús y su existencia se configura desde el misterio del Señor, para vivir con él y como él.

La unión con Jesús crea comunión con aquellos que también están unidos con él. La imagen paulina del cuerpo tiene este sentido. La Iglesia es el cuerpo de Cristo y, al unirse a Jesús, el creyente es incorporado a ese cuerpo, que se expresa en la comunión de fe y de vida con los demás seguidores de Jesús. Por eso, el sentido eclesial no es lo primario del bautismo, aunque es una consecuencia esencial de la unión con Jesús. El bautizado participa del ser y de la vida de la Iglesia. Esto se manifiesta sacramentalmente en la celebración del bautismo; en ella, como expresión comunitaria, la Iglesia acompaña y bautiza al catecúmeno[6].

Si por el bautismo alguien se convierte en miembro vivo de la Iglesia de Jesús, ¿no resulta llamativo que el bautismo se viva de forma privada y se celebre prácticamente sin comunidad cristiana?[7] Si conlleva una vinculación eclesial, ¿no es la comunidad cristiana la referencia para celebrar y

6. Cf. A. Schmemann, *El bautismo*, 55.

7. Alexander Schmemann describe una ausencia del bautismo de la vida cristiana que resulta dolorosa, porque lamentablemente sigue siendo una experiencia muy extendida también en la Iglesia católica. Dice que está ausente de la visión cristiana y de la misma liturgia; de hecho, la mayoría de los cristianos pasan bastantes años sin asistir a una celebración del bautismo (y cuando se asiste, en muchos casos se hace por razones familiares o de amistad). Denuncia que el bautismo se ha transformado «en una ceremonia privada, que deja de ser el corazón mismo de la liturgia y de la piedad de la Iglesia» (*El bautismo*, 12).

vivir el bautismo? La celebración familiar y, en gran parte, privada, ¿no es síntoma de la debilidad de las comunidades cristianas, de que no hay un sentido de comunidad y una vivencia comunitaria fuerte? Seguramente se necesita desactivar la potencia de ideas que, teniendo algo verdadero, lastran nuestra mentalidad, como que el bautismo borra el pecado original, lo cual de modo secularizado se traduce en que protege frente al mal, o que es una costumbre social que hace crecer a la Iglesia, o, secularizadamente, que ofrece un sentido festivo al nacimiento de un niño. Ciertamente, la comunión con Jesús libera del poder del pecado y es algo positivo celebrar ante Dios el nacimiento de un niño. Sin embargo, lo central está en que un bautismo es un acontecimiento eclesial y, en consecuencia, concierne a toda la comunidad.

Es la condición esencialmente eclesial del bautismo la que garantiza su verdad y pone en el centro la vivencia de relación con Jesús. Esto implica un proceso de conversión y de personalización de la fe, que afecta a toda la iniciación cristiana[8]. Estar bautizado es ser Iglesia de Jesús, con lo cual el cristiano está comprometido en la misión de Jesús y en una forma de vida.

Parece un sentir teológico hoy común subrayar la importancia del bautismo, y esto debe llevar a concretarlo en la vida práctica de las comunidades cristianas. Realmente el cuidado de la vida bautismal no tiene que ver tanto con el compromiso individual de vivir según el Evangelio, pues eso es muy difícil, si no imposible, al margen de una comunidad cristiana. El cristiano se inserta en una comunidad y la comunidad ha de participar, alegrarse y comprometerse en la vida de aquel que recibe el bautismo. Cuidar la espiritualidad bautismal significa, ante todo, profundizar en la relación personal con Jesús y en la di-

8. Cf. F. Sebastián, *Evangelizar*, 295-317.

mensión eclesial de la fe. Para esto es determinante cuidar el sentido de comunidad cristiana.

Emparejado con un cierto descuido de la condición bautismal en la espiritualidad cristiana, se detecta una minusvaloración del sacramento de la confirmación. En su celebración, el creyente recibe el Espíritu Santo para fortalecer su relación personal con Jesús y para ser activo en la vida comunitaria de la Iglesia y en su misión. El Espíritu llena al cristiano de vitalidad evangélica, haciéndolo miembro vivo y responsable en la Iglesia y testigo del don de Dios para los demás. Con el fin de fomentar la vitalidad eclesial, ¿no habría que dar más importancia al significado de la confirmación y a lo que implica el don del Espíritu Santo para quien ha recibido el sacramento y para la comunidad cristiana de la que forma parte?

Es cierto que todo bautizado y confirmado tiene algún lazo eclesial, y que toda celebración sacramental es eclesial; pero si esto no se refuerza y se expresa de forma palpable, la fe permanecerá siempre débil. Cuando hay una comunidad cristiana que inicia en la fe, en la que se comparte algo de la propia vida y en la que se celebran el bautismo y la confirmación, es posible mantener el sentido eclesial de ambos sacramentos. De hecho, no se trata sólo de una celebración comunitaria, sino de que en la posterior vida cristiana uno tenga una comunidad en la que vivir la fe. Si no se ofrece vida comunitaria real, el bautismo celebrado se quedará sin apoyo vital y eclesial.

2. *La fraternidad cristiana*

Es un dato teológico que los discípulos de Jesús son sus amigos, sus seguidores, sus hermanos. La relación con Jesús es tan profunda y tan rica que se expresa con múltiples imágenes. En cambio, la relación entre sus discípulos tiene una forma muy determinada: son hermanos entre sí.

Se extrae, así pues, que la fraternidad es la categoría eclesial básica. Todos los cristianos son, gracias al bautismo, sacramentalmente hermanos.

En un libro ya clásico sobre el tema, Joseph Ratzinger muestra cómo en la idea cristiana de fraternidad se unen dos aspectos: la identidad de ser hijos del Padre del cielo, que hace a los cristianos hermanos entre sí porque son hermanos de Jesús, y un sentido universalista, en el que se considera a todo ser humano, especialmente al necesitado, como un hermano[9]. La fraternidad cristiana implica una diferencia respecto a los no cristianos, pues alguien se identifica unido a quienes comparten la fe (Mc 3, 35); pero esto no supone encerramiento o división, sino que la comunidad cristiana se proyecta hacia los otros, para buscar su bien y ejercitar la caridad con todo ser humano (Mt 25, 40). Esta condición fraternal no es lo originario del cristiano, sino, de nuevo, una consecuencia esencial de su condición de hijo de Dios por participar del misterio filial de Jesús, el «primogénito entre muchos hermanos» (Rom 8, 29). Somos hermanos porque Jesús nos inserta en su relación con el Padre, haciéndonos hijos de Dios y hermanos entre nosotros.

En la lógica evangélica, la comunidad cristiana se configura como una fraternidad eclesial concreta. En la vida de una comunidad tiene que ser posible experimentar la ayuda, el apoyo y el afecto en la vivencia de la fe y en el desarrollo de toda la existencia personal. Sin relaciones personales resulta muy difícil experimentar la Iglesia como una comunión fraterna[10]. En la comunidad cristiana,

9. Cf. J. Ratzinger, *La fraternidad de los cristianos*, 63-107; G. Ruggieri, *Nueva conciencia de la Iglesia como fraternidad evangélica*, 354-369.

10. «Es indispensable que existan comunidades cristianas concretas que tengan un palpitante sentido comunitario, en las que los vínculos afectivos mediante el conocimiento mutuo, la comunicación, la praxis celebrativa, la solidaridad material, sean vivos y verdaderos, porque sin ellos la fraternidad cristiana no pasará de ser una entelequia» (G. Tejerina, *La gracia y la comunión*, 452).

la vida eclesial adquiere forma familiar; de ese modo, hace posible vivir un compromiso creyente que afecte a toda la existencia y la llene de vida. En último término, «construir estas comunidades [fraternas] es una de las tareas más importantes, tal vez la más importante, de la renovación eclesial»[11].

3. *Corresponsabilidad en la Iglesia*

La vinculación bautismal con Jesús hace a los cristianos partícipes de su misterio y de su misión, y de ahí nace la corresponsabilidad en la construcción de la comunidad cristiana y en el testimonio del Evangelio. La idea de corresponsabilidad en la Iglesia es un principio teológico[12]. Es importante subrayar que la motivación y los criterios para plantear la corresponsabilidad de todos los cristianos no procede de principios sociales, políticos o civiles (sean estos los derechos humanos o los democráticos), que no obstante pueden iluminar determinados aspectos y que es necesario respetar. La clave fundamental se encuentra en la comunión eclesial y en la fidelidad al Evangelio.

No se trata de que los laicos colaboren con los ministros ordenados ni de que estos cuenten con su ayuda. La corresponsabilidad es un principio de la vida eclesial, que afecta a todos y se concreta en la vida de una comunidad. La clave no está ni en los laicos ni en los ministros, sino en la comunidad cristiana, al servicio de la cual están todos los ministerios y de cuya vida todos sus miembros son responsables.

Ahora bien, el ministerio ordenado tiene una singular significación en la edificación de la comunidad. Por eso, ha de entenderse y ejercitarse como un servicio a toda la comunidad, sabiéndose cristiano bautizado con todos los

11. W. Kasper, *La Iglesia de Jesucristo*, 508.
12. Cf. J. Perea, *Otra Iglesia es posible*, 233-260.

demás y como todos los demás. El que recibe el sacramento del Orden tiene la tarea de fomentar, desde dentro de ella y como parte de ella, la vida de la comunidad, y de acompañar el ejercicio de la vocación personal de cada cristiano. En esencia, el ministerio apostólico es un «ministerio de comunidad» (LG 20).

Contar con todos los miembros de la comunidad, escuchar, dialogar para la toma de decisiones, delegar responsabilidades, etc., es esencial para una justa edificación de la comunidad, sin enfrentar a distintos miembros por razón de su estado laical, religioso u ordenado. Están juntos en la tarea de vivir la fe y de promover la vitalidad de la comunidad.

3. Iglesia y eucaristía

La fraternidad cristiana se configura y se nutre en la eucaristía. La comunidad de hermanos se reúne, escucha la Palabra y comparte el Cuerpo de Jesús. De este modo, al unirse a él, recibe su forma de existir.

En realidad, la Iglesia es lo que acontece en la eucaristía y, por eso, vive de la celebración eucarística. Puesto que la identidad eclesial está entrañada en ella, «la auténtica regeneración de la Iglesia se iniciará con un retorno a la eucaristía»[13]. Cuando se celebra la eucaristía de manera adecuada, la vida de la Iglesia se revela y se desarrolla con vitalidad siempre nueva.

1. *Forma eucarística de la Iglesia*

Digámoslo de nuevo, la Iglesia nace de la celebración de la eucaristía y recibe una figura histórica propia en Jesús resucitado, con el que se ha de identificar. En este sentido,

13. A. Schmemann, *La eucaristía*, 267.

la llamada eclesiología eucarística ha sido muy iluminadora en las últimas décadas y es fundamental para entender la importancia de la comunidad cristiana que vive del dinamismo del Evangelio[14].

Ahora bien, hablar de eucaristía induce a pensar en una comunidad que la celebra. Eucaristía e Iglesia no son ideas abstractas, sino realidades que se manifiestan y se viven en el acontecimiento celebrativo de la comunidad convocada por Jesús. La comunión sacramental que se realiza da forma concreta a las relaciones personales entre los cristianos. Pero ellos no se han unido simplemente para vivir mejor la fe, sino para expresar y experimentar sacramentalmente que su comunión de hermanos tiene su origen y fundamento en el mismo Jesús.

Esta imbricación entre celebración eucarística y comunidad cristiana la destaca Pablo con fuerza, hasta el punto de considerar que si se rompe la comunión fraterna se está rompiendo con Jesús mismo: «Quien come y bebe sin discernir el cuerpo, come y bebe su propia condena» (1 Cor 11, 29). Este texto resulta bastante enigmático, puesto que al hablar de comer y beber hace referencia tanto al ágape fraterno como a la eucaristía. En él se une, y casi se identifican, el cuerpo eucarístico y el cuerpo de la comunidad. En efecto, en cuanto cuerpo de Cristo (1 Cor 12, 27), la comunidad es introducida más hondamente en el misterio de Jesús al recibir su cuerpo sacramental, y es de este cuerpo del cual la comunidad obtiene su fortaleza. Por lo tanto, si se rompe la comunidad, la celebración eucarística entonces pierde sentido y se desorienta.

14. En síntesis, «la Iglesia y la eucaristía se hacen, cada día, la una por la otra: la idea de Iglesia y la idea de eucaristía también deben promoverse y profundizarse mutuamente» (H. de Lubac, *Comunidad cristiana y comunión sacramental*, 92; también *Meditación sobre la Iglesia*, 107-132; J. Ratzinger, *Convocados en el camino de la fe*, 63-93; J. M. R. Tillard, *Carne de la Iglesia, carne de Cristo*, 43-89; C. Giraudo, *Eucaristía e Iglesia*, 563-581).

2. *Comunidad y celebración de la eucaristía*

Si la celebración eucarística es el centro vital de toda comunidad cristiana, la forma de celebrarla pondrá de manifiesto cómo vive en cuanto comunidad y cómo se entiende a sí misma. Cuando las celebraciones son simples acciones de los ministros en las que la mayoría de los fieles adopta una actitud pasiva e individualista, a modo de piedad privada, entonces no sólo no se alimenta la vida comunitaria, sino que se diluye el sentido auténtico y más profundo de la celebración[15]. El fin primario de la eucaristía no es alimentar la espiritualidad de cada asistente, sino participar en el acontecimiento en el que se realiza la Iglesia y se alimenta comunitariamente la fe de los cristianos.

La celebración eucarística, a la vez que supone una vida comunitaria, la enriquece. Por eso, para una sana y fecunda celebración se necesita fomentar el sentido comunitario y la vida de comunidad cristiana. No sólo se aporta así vitalidad a la celebración; además, la vivencia profunda de la eucaristía lleva necesariamente a crecer como comunidad y a promover vida comunitaria.

Por otra parte, la eucaristía es, en esencia, misterio de amor. Jesús mismo se entrega y se hace vínculo de comunión. Y no sólo pide amar; antes él se da como amor e introduce en quien lo recibe en el dinamismo de la caridad. El que se une a Jesús vive como él y comparte su unidad con los demás; de hecho, la eucaristía crea una comunión de amor. El que la celebra es amado por Jesús, hasta el punto de recibir su don corporal: «Tomad y comed todos

15. A. Schmemann ha precisado con lucidez dónde está el matiz de esta debilidad: «Aunque parezca una paradoja, el interés por la *presencia real* del Cuerpo y la Sangre de Cristo ha sustituido al interés por Cristo. La comunión con el Cuerpo y la Sangre de Cristo se percibe como un medio de recibir la gracia, como un acto de santificación personal y no como nuestra *participación* en el cáliz de Cristo: '¿Sois capaces de beber la copa que voy a beber, o de bautizaros con el bautismo con el que yo me voy a bautizar?' (Mc 10, 38)» (*La eucaristía*, 85-86).

de él, porque esto es mi cuerpo, que será entregado por vosotros». Jesús se entrega a cada uno de quienes celebran la eucaristía para incorporarlos en su misterio de amor. Así brota una vida amorosa entre quienes celebran la eucaristía como comunidad y con todos los hombres con los que conviven. El don de Jesús –su actitud pro-existente– se hace personal en los que celebran la eucaristía y los lleva a ser humildes, a vivir con generosidad, a participar en lo común, a convertirse en promotores de paz, a estar dispuestos a perdonar, a colaborar en la construcción de una sociedad justa.

Según esta lógica, la dimensión eucarística de la Iglesia manifiesta que su entraña más profunda y vital está en el amor. La Iglesia es el amor de Dios realizado en el mundo, justamente esto es lo que acontece en la eucaristía: Jesús, que nos ama, se entrega y nos enraíza en su amor. La vivencia de su amor tiene concreción en la comunidad que hace próxima y personal la experiencia del amor de Dios. Los cristianos están movidos por ese amor y su vocación se cifra en amarse y en que su amor sea testimonio ante los hombres y fermento de un mundo nuevo (Jn 15, 9-12).

4. La vitalidad de una comunidad

A modo de síntesis, conviene recordar que una comunidad cristiana es un grupo de bautizados que, unidos por Jesús y sabiéndose en una relación fraternal por su bautismo, se dejan llevar por su Espíritu, escuchan su Palabra, celebran la eucaristía y están vinculados con el ministerio apostólico. Esta vida implica un modo de existencia y de relacionarse que se asienta en vínculos humanos cercanos, es decir, en el conocimiento personal, el afecto, la colaboración y la ayuda mutua, lo cual supone encuentros y actividades en los que todo eso se pone en práctica. Los que integran la comunidad se comprometen entre sí y en la sociedad según la vocación y misión propias de cada uno. Esa vocación personal tiene sentido desde la vida comunitaria y, ejercitándola, se enriquece la comunión en la que viven los miembros de la comunidad.

El problema no es tanto definir una comunidad cristiana o identificarla, sino dar vitalidad a las comunidades que ya existen, en ocasiones con una vida débil, y generar comunidades que sean significativas para vivir la fe y ayudar a transmitirla. Dos insistencias, que son inseparables, pueden orientar de cara a promover la necesaria renovación eclesial: cuidar la vivencia de la fe y potenciar el sentido de la comunidad. El desafío está en cómo hacerlo en la actualidad.

1. *Pequeñas comunidades*

Desde hace muchas décadas se viene insistiendo, de manera prácticamente unánime, en que el futuro del cristianismo pasa por ser vivido en pequeñas comunidades, donde cada creyente pueda experimentar cercanía, afecto y compañía en su vida de fe[16]. De hecho, los signos de vitalidad eclesial que hoy se perciben están, en gran parte, vinculados a formas de vida comunitaria. Distintas realidades eclesiales profundizan, al mismo tiempo, en la vivencia de la fe y en el sentido de la comunidad[17].

16. Muchos de los grandes teólogos del siglo XX han defendido esta idea. Karl Rahner, por ejemplo, ha escrito: «La Iglesia del futuro será una Iglesia que se construirá desde abajo por medio de comunidades de base de libre iniciativa y asociación. Hemos de hacer todo lo posible para no impedir este desarrollo, sino más bien encauzarlo correctamente» (*Cambio estructural de la Iglesia*, 132). En una publicación reciente, Adolfo González Montes propone la pequeña comunidad como «minoría cognitiva de identificación» (*La Iglesia en la sociedad*, 87-102).

17. De forma muy clara, en el Camino Neocatecumenal se concreta la vivencia de la fe en una comunidad. Es una de sus intuiciones de fondo y un testimonio que puede ayudar a otras realidades eclesiales a precisar esta dimensión esencial de la vida cristiana (cf. R. Blázquez, *Las comunidades neocatecumenales*, 41-57).

Para vivir la fe, cada persona necesita compartir la oración, el diálogo sobre la fe, el compromiso moral que implica, el apoyo mutuo, los afectos, la ayuda en las necesidades. Y esto tiene lugar en una comunidad que necesariamente ha de ser pequeña. La cercanía y la relación habitual reclaman que no sea un grupo demasiado grande y que tenga estabilidad. Por eso, la Iglesia necesita estas pequeñas comunidades.

En principio, en la diócesis el lugar propio de toda pequeña comunidad es la parroquia, aunque también son pensables comunidades de ámbito diocesano sin arraigo parroquial (AG 37). Lo frecuente sí es la referencia parroquial, porque en la parroquia una comunidad se une a otras comunidades y a la Iglesia diocesana. La comprensión de la parroquia como «comunidad de comunidades» señala esta fuerza de comunión que mueve a la organización parroquial. Así, cada pequeña comunidad no se encierra en sí misma y puede vencer cualquier tentación de elitismo; está abierta y se sitúa en comunión con otras comunidades cristianas.

La parroquia es, no obstante, una estructura peculiar donde se comparte comunitariamente la fe. Su núcleo lo ha de conformar una comunidad viva que expresa el dinamismo de la fe. Ahora bien, la parroquia es mucho más, ya que une a lo anterior el ser una comunidad abierta e integradora de la variedad de las experiencias a la hora de vivir la fe. En ella caben quienes no se comprometen en la comunidad, quienes sólo quieren participar en la vida eclesial en algunos momentos, quienes viven la fe de forma un tanto diluida. La parroquia acoge distintos niveles de fe y de compromiso cristiano. Incluye una comunidad viva y un grupo más amplio que también forma parte de la Iglesia. La comunidad viva le es esencial, pero no está cerrada; permanece siempre abierta y con capacidad de inclusión, sin renunciar a las exigencias del Evangelio. Quizá esto es lo propio de la comunidad viva de una parroquia: ella no es la parroquia, sino el núcleo que la hace latir. De ese núcleo brota una fuerza para unir y para ayudar a vivir la fe, a profundizar en ella y a experimentar la comunión con la Iglesia. También desde ese núcleo vital se incorpora en la parroquia a grupos y comunidades que tienen vinculaciones a movimientos, asociaciones, congregaciones religiosas y demás realidades eclesiales.

Asimismo, las pequeñas comunidades hacen real la participación y la corresponsabilidad de todos. En lo cotidiano de su vida, esa participación es posible y tiene efectos directos sobre la vida comunitaria. En las relaciones más próximas se encuentran más fácilmente cauces de diálogo, para hacer propuestas y para colaborar en la realización de actividades. Cuanto más genérica se pretenda la participación de todos, más se difumina la responsabilidad y la realización. La corresponsabilidad en la Iglesia ha de fomentarse en las comunidades más próximas y desde ellas.

2. *Eucaristía dominical*

La celebración dominical de la eucaristía es la referencia vital y estructural de toda comunidad cristiana. Si el bautismo es la Pascua de Jesús que se hace presente en cada cristiano y determina su identidad, la eucaristía dominical constituye la Pascua vivida semanalmente como comunidad convocada por el Señor. Esto reclama una vivencia creyente del domingo y una organización eclesial que favorezca el cuidado de la eucaristía dominical.

No está de más recordar que la celebración que identifica al seguidor de Jesús es la eucaristía dominical, de modo que cualquier otra celebración remite a ella y de ella recibe su sentido, también la eucaristía diaria. ¿No habría quizás que relativizar la eucaristía diaria, concentrándose en promover una celebración dominical bien preparada y adecuadamente vivida, que sea auténtica fuente de la vida eclesial? La multiplicación de celebraciones no ayuda ni a las comunidades ni al ejercicio del ministerio ordenado. Una sólida teología del domingo ofrece referencias fundamentales y claves para estructurar la pluralidad de comunidades y para organizar la vida eclesial.

Si una adecuada organización llevara a concentrarse desde varios lugares para celebrar bien la eucaristía del domingo, hay que insistir en que eso se debería unir a la construcción de una sola y misma comunidad cristiana. Así, cuando se acude a otro lugar para celebrar la eucaristía, deberá también allí experimentarse que no es una comunidad de fe distinta, sino la propia comunidad. Pero si el lugar se convierte en lo importante, entonces quizá la forma de celebrar sea similar y la reorganización aparente, sin contribuir a una vivencia cristiana comunitaria. En este sentido, una verdadera comunidad no podrá limitarse a celebrar la eucaristía, sino que habrá de favorecer otros encuentros y experiencias compartidas que alimenten la vida de fe y la identidad cristiana[18]. No se trata de organizar nuevas formas de celebrar la eucaristía, sino de construir comunidades. Este es un criterio fundamental para la renovación eclesial.

3. *Vida fraterna*

La comunidad cristiana es realización del amor de Dios y de los hermanos, y del amor a Dios y a los hermanos. En lo cotidiano esto se vive por medio del encuentro fraterno,

18. Algo así podría suceder con los llamados «centros eucarísticos» o «iglesias centrales». Si en estos centros se crean comunidades, será una organización adecuada y fecunda; si, por el contrario, sólo son lugares de celebración de la eucaristía, entonces se mantendrá y hasta potenciará una comprensión individualista de la fe y de la celebración eucarística para la santificación personal. Al ser la eucaristía un acontecimiento eclesial, la santificación de la persona es algo derivado, no lo originario. Lo central es comprenderse como miembros vivos de la Iglesia que renuevan su identidad creyente al participar de forma activa y personal en la celebración (cf. W. Kasper, *La Iglesia de Jesucristo*, 88-89).

que se expresa en la celebración eucarística y se alimenta de ella. Jesús insistió en el cuidado fraterno a través de la preocupación por los pequeños y por los pobres, la oración en común, la corrección fraterna y el perdón (Mt 18). En el Nuevo Testamento se insiste en tener los mismos sentimientos y compartir el mismo espíritu y la misma fe (Rom 12, 5; 15, 5-6; Flp 1, 27; 2, 2.5; Ef 4, 4; 1 Pe 3, 8)[19].

La vida común lleva a poner en práctica la generosidad, la bondad, la misericordia (Col 3, 12-15). Una comunidad es fraterna cuando se vive el amor en acciones de encuentro, de ayuda, de apoyo mutuo. Y esta vida fraterna se convierte en poderoso testimonio de un mundo nuevo y en llamada misionera para quienes no viven la fe. La fraternidad cristiana significa que los cristianos se aman, se cuidan y se ayudan. ¿Es esto central y palpable en la vida de la Iglesia hoy? ¿Son las comunidades cristianas reflejo del amor de Dios y a los hermanos?

En lo cotidiano de las relaciones humanas se colabora, pero también aparecen discordias, conflictos y heridas. Si de la fraternidad brota una fuerza de reconciliación, la comunidad cristiana ha de esforzarse por ser espacio de perdón y de reconciliación. No en vano, Jesús no deja de insistir en la importancia de perdonar siempre (Mt 18, 22). Él muere perdonando y su resurrección conlleva una dimensión de perdón y de volver a reunir a sus discípulos[20]. La Iglesia del Resucitado es una comunidad reconciliada,

19. Cf. L. Schenke, *La comunidad cristiana*, 431-441; G. Lohfink, *La Iglesia que Jesús quería*, 83-158.

20. Thomas Söding interpreta en este sentido la resurrección de Jesús y su vivencia eucarística. Al reunir el Resucitado a los discípulos que lo habían abandonado, ellos se saben perdonados y viven la reconciliación en las comidas pascuales. La eucaristía es una experiencia de reconciliación con Jesús y entre los cristianos. «En el comienzo de la Iglesia están el perdón de la culpa, que Pedro y los Doce habían contraído, y la acogida de estos pecadores por Jesús, que precisamente murió por los débiles (1 Cor 8, 11). Esto impregna la esencia de la Iglesia» (*Jesus und die Kirche*, 236; también *Umkehr der Kirche*,193-202).

cuya misión es proclamar el perdón. Jesús envía a sus discípulos con la tarea de perdonar (Jn 20, 23; 2 Cor 5, 19-20). Sin duda, la dinámica del perdón en la comunidad tiene una fuerza renovadora[21].

La humildad se convierte en la actitud fundamental para perdonar y para construir y mantener la vida fraterna (Mt 18, 3-4; Rom 12, 5; Flp 2, 3). La vivencia comunitaria precisa del desprendimiento de sí mismo, de buscar lo mejor para los otros, del trabajo por el bien común. Sin humilde disponibilidad a la reconciliación resulta imposible hacer este camino.

La construcción de la comunidad es también para Pablo la gran preocupación (1 Cor 10, 24; 14, 4.12.26; Rom 14, 19; 15, 2; Ef 4, 12-16)[22]. Cada uno ha de vivir la fe, su vocación y su ministerio en favor de la comunidad, generando comunión y ayudando a crecer en ella. La diversidad eclesial estimula a integrar a todos en la comunidad y a servir a la comunión, con una especial atención hacia los hermanos débiles en la fe, a los que hay que cuidar, para que no se pierda ninguno de los hermanos por los que «ha muerto Cristo» (1 Cor 8, 11; Rom 14, 1.15)[23]. Si se quiere integrar a todos, hay que preocuparse por los más débiles y por aquellos que más lo necesitan. Esta es una actitud preponderantemente fraterna. Los hermanos se preocupan de sus hermanos, sobre todo de los pequeños y de los débiles.

Para edificar la comunidad, cada creyente, con sus cualidades y dones, contribuye a la construcción de la vida comunitaria y, por tanto, a la vitalidad de la comunidad

21. Así lo indica Joseph Ratzinger: «El perdón concierne a la persona en su núcleo más íntimo; es capaz de reunir a cada una de las personas y es también el centro de la renovación de la comunidad» (*Ser cristiano en la era neopagana*, 26).

22. Cf. T. Söding, *Umkehr der Kirche*, 59-40.

23. «En el ámbito abierto por Cristo, los otros son para mí hermanos (1 Cor 8, 13), tan unidos a él, que lo que a ellos haga, a él se lo hago (Rom 14, 1-11)» (M. Legido, *Fraternidad en el mundo*, 207).

(1 Cor 12, 4-11). En la Carta primera de Pedro también se concreta esta dinámica, exhortando a que «cada cual ponga al servicio de los demás la gracia que ha recibido, como buenos administradores de las diversas gracias de Dios» (1 Pe 4, 10). En la vida de la comunidad esto implica una actitud de servicio en favor de los demás, compartiendo los dones que uno tiene y participando en los diversos aspectos que incluye la vida comunitaria. La humildad y el servicio son dos guías indispensables para la edificación de una comunidad fraterna.

En este contexto se sitúa el ministerio ordenado y adquiere un papel especialmente relevante. Su misión se resume en promover la vida comunitaria. El que tiene un ministerio pastoral se preocupa por todos, alienta la vivencia de la fe, integra a todos sin distinción, favorece la comunión. Puesto que el ejercicio del ministerio ordenado refleja una comprensión teológica, promover una Iglesia con vitalidad reclama un modo de ejercicio del ministerio que sea acorde con la visión de la Iglesia como comunión fraterna. Si bien, no cabe duda, esto mismo afecta a todos. La vitalidad de las comunidades cristianas depende de que cada uno viva en ellas la fe, se comprometa y colabore en su marcha.

4. *Fidelidad y misión*

Tomarse estas actitudes en serio y tratar de realizarlas en la comunidad cristiana, probablemente llevará a que la Iglesia no sea masiva. Esto será positivo si cada cristiano vive la cercanía del ser eclesial y despliega una fe más viva. Pero será negativo si el cristianismo no aspira a llegar a todos los hombres porque se encierra en sí mismo y no comunica y comparte, con todos, el tesoro de Jesús. Esta dimensión universal contrarresta el peligro que tienen las pequeñas comunidades de convertirse en una secta de perfectos que se bastan a sí mismos. Las pequeñas comunidades no deben ser cerradas, pues su vocación es la de dar testimonio del Evangelio allí donde están. Aspiran a que otros entren a formar parte de la comunidad o a que formen otra comunidad cristiana.

La autenticidad de la fe puede llevar a una Iglesia de minorías, pero ser minoritarios no es el objetivo, ni es algo bueno en sí mismo. Será necesario cuidar la vivencia creyente de algunos para sostener a los muchos y para convertirse en levadura. Esto es posible si se pasa de una «Iglesia de masas» a una «Iglesia comunitaria» [24], que no renuncia a ser muchos, pero pretende llegar a ellos desde la fidelidad al Evangelio y con un fuerte sentido de comunidad.

Dicho lo cual, si resulta que se llega a ser una «Iglesia de pocos», no es una tragedia ni el mayor problema eclesial; lo decisivo es que el Evangelio sea vivido con autenticidad y en fidelidad. Un cristianismo de masas no puede ser el objetivo primero, y mucho menos si eso supone devaluar la belleza del Evangelio, que en su entraña también lleva exigencias importantes. Hablar de la belleza del misterio de Jesús y rebajar la exigencia que implica la vida evangélica es algo contradictorio. El que descubre su belleza puede asumir las exigencias. Y la vivencia de la fe en comunidades cercanas, con relaciones personales estrechas, será germen y levadura para la misión evangelizadora de la Iglesia.

24. Cf. W. Kasper, *La Iglesia de Jesucristo*, 493.

CONCLUSIÓN

Las reflexiones de este libro no suponen una total novedad, ya que muchos de los aspectos tratados en cierta medida ya se viven en la Iglesia. Lo que se ha intentado hacer es mostrar que el dinamismo de renovación forma parte de la identidad eclesial y, para explicarlo, se han precisado cuáles son las fuentes vitales de ese dinamismo. Dichas fuentes se encuentran en la fe en Jesús y en la vivencia de comunidad cristiana. Evidentemente, también hoy estas son las referencias que han de orientar la vida de la Iglesia. El desafío está en configurar la actualidad de la vida eclesial siguiendo esos faros.

Una verdadera renovación de la Iglesia pide dejarse guiar por la fuerza del Espíritu de Jesús, pues el único camino de renovación consiste en que la Iglesia se configure con el Señor en todo lo que hace y así lo transparente en cada dimensión de su vida. La Iglesia no se renueva principalmente por ideas, aunque también sean necesarias, sino gracias a un impulso espiritual que nos enraíce más profundamente en el misterio de Jesús y que nos mueva a actuar en la dirección de la vivencia de la fe, de la comunión y de la fraternidad. Por eso, la renovación requiere ante todo una vida cristiana intensa. De hecho, lo fundamental no es cambiar las estructuras, sino una existencia creyente y un estilo de vivir que se adecúe al hecho de ser la Iglesia de Jesús. Eso siempre llevará, en mayor o menor medida, a la reforma de algunas estructuras y a algunos cambios necesarios.

La fe vivida es la fuente de la renovación y lo que impregna todas las dimensiones de la vida eclesial. Hay auténtica renovación cuando todo queda tocado por la luz y por la dinámica de la relación con Jesús. Una tentación contra este dinamismo aparece cuando se considera que esto es algo meramente espiritual y se obstaculiza que el misterio de Jesús conforme cada dimensión del ser eclesial, tanto en lo personal como en lo comunitario e institucional. Es verdad que no resulta fácil concretar, y más cuando no tiene que ver sólo con determinados aspectos, sino con el conjunto de la vida de la Iglesia. No obstante, ante la dificultad se cuenta con el aliento del Espíritu y con la fuerza de la fraternidad para buscar caminos que desemboquen en una auténtica vitalidad evangélica.

Un recurso decisivo para que el Espíritu de Jesús impregne la vida eclesial se encuentra en las comunidades cristianas. La fe en Jesús genera en la Iglesia comunión real y viva. En efecto, los elementos centrales de la experiencia cristiana, como son la relación con Jesús y la fraternidad con él y entre sus discípulos, se realizan en las celebraciones sacramentales, que siempre son eclesiales, y mediante formas comunitarias que concretan una vida fraterna. Por eso, la renovación eclesial tiene un pilar sólido en la edificación de comunidades cristianas. Sin comunidades vivas, la vida cristiana, aunque no desaparezca, será más pobre y más débil; con comunidades cristianas vivas crecerá la vitalidad de la Iglesia y su vida será un testimonio más luminoso de Jesús en el mundo. Todo lo que se haga para fomentar estas comunidades potenciará una renovación eclesial que conduzca a ser más fieles a Jesús.

BIBLIOGRAFÍA

Ackermann, Stephan, *Kirche als Person. Zur ekklesiologischen Relevanz des personal-symbolischen Verständnisses der Kirche*, Echter, Würzburg 2001.

Amengual, Gabriel, *La religión en tiempos de nihilismo*, PPC, Madrid 2006.

Balthasar, Hans Urs von, *«Casta meretrix»*, en *Ensayos teológicos* II. *Sponsa Verbi*, Guadarrama, Madrid 1964, 239-354.

–*¿Quién es la Iglesia?*, en *Ensayos teológicos* II. *Sponsa Verbi*, Guadarrama, Madrid 1964, 175-237.

–*Mein Werk - Durchblicke*, Johannes, Freiburg-Einsiedeln 1990.

Bernanos, George, *Diario de un cura rural*, Encuentro, Madrid [2]2023.

Blázquez, Ricardo, *La Iglesia. Misterio, comunión, misión*, Sígueme, Salamanca 2017.

–*Las comunidades neocatecumenales. Discernimiento teológico*, Desclée de Brouwer, Bilbao [3]1988.

Borghesi, Massimo, *Secularización y nihilismo. Cristianismo y cultura contemporánea*, Encuentro, Madrid 2005.

Cabria Ortega, José Luis, *Teología de la parroquia. Su estatuto eclesiológico*: Sal Terrae 105 (2017) 295-311.

Cantalamessa, Raniero, «¿Quién de vosotros puede convencerme del pecado?» - *Jesucristo, «verdadero hombre». Segunda predicación de cuaresma*, 5 de marzo de 2022.

Cassingena-Trévedy, François, *La belleza de la liturgia*, Sígueme, Salamanca 2008.

Chillón, José Manuel, *El nihilismo de la secularización posmoderna*: Estudios Eclesiásticos 97 (2022) 465-490.

Congar, Yves, *La reforma en la Iglesia. Criterios históricos y teológicos*, Sígueme, Salamanca 2019.

–*Un pueblo mesiánico*, Cristiandad, Madrid 1976.

Congregación para el Clero, *La conversión pastoral de la comunidad parroquial al servicio de la misión evangelizadora de la Iglesia*, 20 de julio de 2020.

Congregación para la Doctrina de la Fe, *Dominus Iesus. Sobre la unicidad y universalidad salvífica de Jesús y de la Iglesia*, 6 de agosto de 2000.

Dostoievski, Fiodor, *El idiota*, Alianza, Madrid [3]2012.

Enxing, Julia, *Culpa y pecado de [en] la Iglesia. Una investigación en perspectiva teológica*, Sígueme, Salamanca 2023.

Francisco, Exhortación apostólica *Evangelii gaudium*, 24 de noviembre de 213

Gesché, Adolphe, *La paradoja de la fe*, Sígueme, Salamanca 2013.

Giménez Barriocanal, Fernando - Ester Martín Domínguez, *Una casa de cristal. El camino de la transparencia y el buen gobierno en la Iglesia*, EDICE, Madrid 2021.

Giraudo, Cesare, *Eucaristía e Iglesia*, en Gianfranco Calabrese - Philip Coyret - Orazio Francesco Piazza (eds.), *Diccionario de eclesiología*, BAC, Madrid 2016, 563-581.

González Montes, Adolfo, *Imagen de Iglesia. Eclesiología en perspectiva ecuménica*, BAC, Madrid 2008.

–*La Iglesia en la sociedad*, BAC, Madrid 2024.

Guardini, Romano *El sentido de la Iglesia. La Iglesia del Señor*, San Pablo-Edibesa, Buenos Aires-Madrid 2010.

Guijarro Oporto, Santiago, *Jesús y sus primeros discípulos*, Verbo Divino, Estella 2007.

Han, Byung-Chul, *La sociedad de la transparencia*, Herder, Barcelona 2013.

Huxley, Aldous, *Un mundo feliz*, Plaza & Janés, Barcelona 1995.

Jiménez Lozano, José, *Cartas de un cristiano impaciente. Antología (1965-1968)*, Verbum, Madrid 2023.

Juan Pablo II, *Solicitudo rei socialis*, 30 de diciembre de 1987.

Kasper, Walter, *Iglesia católica. Esencia, realidad, misión*, Sígueme, Salamanca 2013.

–*La Iglesia de Jesucristo. Escritos de eclesiología* 1. *Obra completa* 11, Sal Terrae, Santander 2013.
–*Teología e Iglesia*, Herder, Barcelona 1989.

Lacoste, Jean-Yves, *La fenomenicidad de Dios. Nueve estudios*, Sígueme, Salamanca 2019.

Legido López, Marcelino, *Fraternidad en el mundo. Un estudio de eclesiología paulina*, Sígueme, Salamanca [2]1986.

Lohfink, Gerhard, *Jesús de Nazaret. Qué quiso, quién fue*, Herder, Barcelona 2013.
–*La Iglesia que Jesús quería. Dimensión comunitaria de la fe cristiana*, Desclée de Brouwer, Bilbao [3]1998.

Lubac, Henri de, *Comunidad cristiana y comunión sacramental*, en *Teologías de ocasión*, BAC, Madrid 2023, 87-92.
–*La Iglesia en la crisis actual*, en *Paradoja y misterio de la Iglesia - La Iglesia en la crisis actual*, Encuentro, Madrid 2022, 199-247.
–*Meditación sobre la Iglesia*, Encuentro, Madrid 1980.
–*Paradoja y misterio de la Iglesia*, Sígueme, Salamanca [3]2002.

Madrigal, Santiago, *La Iglesia, «signo alzado entre las naciones» (Is 11,12). Fundamentos de eclesiología*, Sígueme, Salamanca 2024.

Mann, Thomas, *La montaña mágica*, Penguin Randon House, Barcelona 2020.

Marion, Jean-Luc, *A decir verdad. Una conversación con Paul-François Paoli*, Encuentro, Madrid 2022.

Menke, Karl-Heinz, *Sacramentalidad. Esencia y llaga del catolicismo*, BAC, Madrid 2014.

O' Connor, Flannery, *Sangre sabia*, Cátedra, Madrid 1990.

Paolis, Velasio de, *Los bienes temporales de la Iglesia*, BAC, Madrid 2012.

Perea, Joaquín, *Otra Iglesia es posible. Eclesiología práctica para cristianos laicos*, HOAC, Madrid 2010.

Pié-Ninot, Salvador, *Eclesiología. La sacramentalidad de la comunidad cristiana*, Sígueme, Salamanca 2007.

Pío XII, *La elevatezza. Discurso sobre la supernacionalidad de la Iglesia*, 20 de febrero de 1946.

Pontificio Consejo «Justicia y paz», *Compendio de la doctrina social de la Iglesia*, BAC-Planeta, Madrid 2005.

Rahner, Hugo, *Symbole der Kirche. Die Ekklesiologie der Väter*, Otto Müller, Salzburg 1964.

Rahner, Karl, *Cambio estructural de la Iglesia*, Cristiandad, Madrid 1974.

–*Iglesia de los pecadores*, en *Escritos de Teología* VI, Cristiandad, Madrid ²2007, 271-286.

–*Iglesia pecadora según los decretos del Segundo Concilio Vaticano*, en *Escritos de Teología* VI, Cristiandad, Madrid ²2007, 287-308.

Ratzinger, Joseph, *Convocados en el camino de la fe. La Iglesia como comunión*, Cristiandad, Madrid 2004.

–*Introducción al cristianismo. Lecciones sobre el credo apostólico*, Sígueme, Salamanca ¹⁷2020.

–*La fraternidad de los cristianos*, Sígueme, Salamanca 2004.

–*La Iglesia. Una comunidad siempre en camino*, San Pablo, Madrid ²1992.

–*¿Por qué permanezco en la Iglesia?*, en Hans Urs von Balthasar - Joseph Ratzinger, ¿Por qué soy todavía cristiano? ¿Por qué permanezco en la Iglesia?, Sígueme, Salamanca 2005, 81-113.

–*Ser cristiano en la era neopagana*, Encuentro, Madrid 1995.

Richi Alberti, Gabriel, *La Iglesia somos nosotros en Cristo. Cuestiones de eclesiología sistemática*, Encuentro, Madrid 2016.

Ruggieri, Giuseppe, *Nueva conciencia de la Iglesia como fraternidad evangélica*: Concilium 166 (1981) 354-369.

Schenke, Ludger, *La comunidad primitiva. Historia y teología*, Sígueme, Salamanca 1999.

Schmemann, Alexander, *El bautismo. Ensayo de teología litúrgica sobre el sacramento del agua y del Espíritu*, Sígueme, Salamanca 2024.

–*La eucaristía. El sacramento del Reino*, Sígueme, Salamanca 2024.

Schnackenburg, Rudolf, *La Iglesia en el Nuevo Testamento*, Taurus, Madrid 1965.

Scholtissek, Klaus, *Kinder Gottes und Freunde Jesu. Beobachtungen zur johanneischen Ekklesiologie*, en *Textwelt und Theologie des Johannesevangelium*, Mohr Siebeck, Tübingen 2020, 205-229.

Sebastián, Fernando, *Evangelizar*, Encuentro, Madrid [2]2010.

Söding, Thomas, *Jesus und die Kirche. Was sagt das Neue Testament?*, Herder, Freiburg-Basel-Wien 2007.

–*Umkehr der Kirche. Wegweiser im Neuen Testament*, Herder, Freiburg-Basel-Wien 2014.

Tejerina Arias, Gonzalo, *La gracia y la comunión. Ensayo de eclesiología fundamental*, Secretariado Trinitario, Salamanca 2015.

Tillard, Jean-Marie R., *Carne de la Iglesia, carne de Cristo. En las fuentes de la eclesiología de comunión*, Sígueme, Salamanca 1994.

Weil, Simone, *Reflexiones sobre las causas de la libertad y de la opresión social*, Trotta, Madrid 2015.

Zazo Rodríguez, Jorge, *La parroquia en la Europa postmoderna*, BAC, Madrid 2024.

Zweig, Stefan, *El mundo de ayer. Memorias de un europeo*, Acantilado, Barcelona 2002.

ÍNDICE DE CITAS BÍBLICAS

ÍNDICE DE NOMBRES

ÍNDICE GENERAL